最新 学習塾業界大研究

［第2版］

千葉誠一［監修］

まえがき

◆劇的に進化する学習塾業界

　半世紀以上前に生まれた、いわゆる「民間教育」の塾は、その後個人塾から企業塾へと発展し、指導形態も集団指導から個別指導、そして映像授業、集団個別、自立型など現在も多様化しつつあった……そこにコロナ禍が襲った。

　コロナ禍で良いことも悪いこともあった。ここでは良いことを中心に述べたい。教育ＩＣＴ化はコロナ禍で三～四年早く進化したと言われている。元々インフル対策でzoomなどの遠隔指導システムを導入しようとしていた塾があった中での新型コロナ感染の拡大だったので、対応の早い塾とそうではない塾の差は大きかった。教育ＩＣＴ化の進化は先に進んだ塾を先頭に全国的な拡大を見せた。

　すでにコロナ禍は三年となり、リアルとオンラインのハイブリット型指導システムがスタンダード化している。もちろん保護者からの要望は八～九割がリアルである。オンライン指導はリアルを支援するものがほとんどだが、緩い監視機能を付与したり、次第に効果的なシステムとして進化しつつある。

◆「秒進分歩」の教育業界の進化

教育業界には着実に「デジタル＆グローバル化」の波が、学習塾業界に押し寄せている。教育コンテンツ、教材ツールのデジタル化は「日進月歩」ならぬ「秒進分歩」である。教材会社だけにとどまらず、全国の大手塾や地域一番塾は、校舎展開のための資金をデジタル教材の研究開発に投入している。同時に、質の高いノウハウの教材やツール・コンテンツについては、全国の塾が積極的に導入している。若手人材の活躍の場は年々拡大し、役職への昇進や昇給も約束され、若くして責任ある立場となり、やりがいのある仕事をしつつ高額年収も夢ではない。

◆人に学びながら社会貢献できる仕事

教育ＩＣＴ化や国際的な学習をはじめとする教育のグローバル化、そして業界再編の大波の中で、安定経営を目指す各社では、有能な人材採用と育成、そしてデジタル化に余念がない。どれほど塾の守備範囲が広がっても、塾本来の「教務充実」を図るためには、「人づくり」が最優先されるが、それを下支えするデジタル化も重視されているのだ。新卒採用においても、中途採用においても、例外なく「生徒や保護者に対する親身な人間力の強化」を目指し、マニュアル的な手法に陥ることなく、人から人へのマンツーマンの人材育成を心掛けている。それは、教師から生徒への指導に直結した「塾内教育」とも位置づけられる。

地域も含めて日本の将来に大きく関わる人材の育成に深く関わっているという自覚こそが、

塾人の誇りであり、大きなやりがいとなっているのだ。子どもやその保護者と日々接していることは、そのまま人に学ぶことにつながっている。千差万別の人間、家庭に関わった仕事をする中で、着実に仕事のスキルを高め、塾の仕事に対する誇りと自信を深めていくことが可能となっていくのだ。これが公教育にはない私教育の仕事の醍醐味と言ってもいいだろう。

◆アナログとデジタルの融合の中で、個性重視の「人間教育」が最優先

　改めて確認しておきたい。成長し、成熟した学習塾業界で求められているものは、生徒の成績向上や、受験における合格だけではない。まして、デジタル化すれば事足りるというものでもない。アナログ的なものとデジタル的なものの融合をベースとして、個性を重視した「人間教育」が最優先となっており、かつ泥臭いほどの「教務の充実」こそが学習塾の存在意義なのである。

　現在、国際化や環境重視の社会を反映して、「海外展開」「語学教育」「環境教育」、そして「自立型」「資格取得」「英語合宿」や若年層の「能力開発」などの講座に期待が集まっている。大検合格の予備校や高卒資格を目指す単位制通信制高等学校、そしてサポート校なども各地に誕生している。総合教育機関や生涯学習機関、さらには学校開設を実現する塾やそれを目指す塾も各地で増えている。

◆業界大再編の大波が押し寄せつつある

さて、ここ数年、学習塾業界では各地で大手塾の寡占化が進行中であり、大なり小なりのＭ＆Ａが業界で断続的に成立し、提携や合併を想定した中期計画なども進行している。成熟した業界となった今、業界全体が世代交代・事業継承の波に漂っている。業務提携や資本提携なども盛んであり、ツールやコンテンツを共有しつつ、各社が次世代の経営手法を探っている。

　このような時代に求められる人材は、単なる若さや情熱だけではない。それも大事な要素だが、より広い視野で仕事のできる柔軟性と環境適応力が求められる。また、文系や理系といった区分けされた知力ではなく、横断型の思考力と論理的な判断が必要となっている。

　つまり、一口に言えば『自ら学ぶ力』や対応力があり、未知の分野に果敢に挑む意欲的な人材が求められるのだ。勉強一点張りよりも、いくつかのアルバイトを経験して人間関係に苦労し、教育の何たるかを学んだ、いわゆるＥＱ度の高い人のほうが有利といえる。そして、「自分自身を好き」になれて、「仕事を通じて自分を高めたい」と思う人、さらには、「積極的に子どもたちの将来に関わっていきたい」と思う人には、これ以上ない「遣り甲斐のある居心地の良い天職」が学習塾業界なのである。

◆学習塾の新しいカタチとは？

　新型コロナ感染の拡大で数年加速された教育ＩＣＴ、教育のデジタル化は、新型コロナ感染拡大が三年となり、五類移行で新たな動きを見せはじめている。

まず、生徒の保護者の希望は大半がリアル指導であるが、リモート指導や映像配信のサービスが無いと、いざという時に不安になるというのだ。つまり、新型コロナ感染拡大によって、リアルとリモートの「二刀流」が塾のスタンダードとなってきたのである。これは大手塾も中小個人塾も大差のない現象だ。

それと、広告やチラシが効かなくなり、ＨＰからの問い合わせも含めたＳＮＳを活用した生徒募集が主流となってきた。ある程度予測されていたことだが、こちらも新型コロナ感染拡大で加速された。

ここでとても大事なものに注目していただきたい。保護者は「嘘の無い塾」「誠実な人が働く塾」を極度に求めるようになった。日本の政治や企業では、不正や汚職が多発し、嘘や言い訳が蔓延している……その限りではないが目立つ。マスコミもそれを執拗に報道するからかもしれない。

保護者は自分の子どもを預ける塾や学校がより誠実な存在であり、そこで働く人たちも誠実であれと願っている。

人材不足の時代だが、安易に人材採用するのは危険である。また、優秀なだけの人材でもいけない。普通か少し平均以下の学力の人材でもちゃんと育成や研修をして使いこなせなければ、教育サービス業としては失格なのである。これからの学習塾は、このように、平均かその下の人たちを子どもの指導者として育成できることを証明しなければならない。かつ、誠実な組織として持続可能な企業体として健全な経営を続けなければならないのだ。

学習塾業界大研究

まえがき　千葉誠一

◆劇的に進化する学習塾業界……3

◆「秒進分歩」の教育業界の進化……3

◆人に学びながら社会貢献できる仕事……4

◆アナログとデジタルの融合の中で、個性重視の「人間教育」が最優先……4

◆業界大再編の大波が押し寄せつつある……6

◆学習塾の新しいカタチとは？……6

Chapter 1　特集　学習塾業界とは？……17

一　塾の草創期から現在まで……18

◆塾の黎明期……18

◆個別指導の歴史……20

◆「集団個別型」「科目横断型」とは？……22

◆「自立学習」とは何か？……23

二　学習塾業界の現状……25

塾予備校市場相関図……26

三　映像授業からネット予備校、そしてタブレットからスマホ、さらにＡＩロボットへ……29

◆教育ＩＣＴ化とは？……29

CONTENTS

◆生徒の未来に貢献できる塾……31
◆指導のノウハウを注ぎ、サポート校を展開する塾や予備校……32
◆3Dの特性を活かした学習アプリも登場……33
◆デジタル新時代を先取りする教室展開……35
◆学習塾業界に多彩な業界と業種から参入続々……36

Chapter 2 急伸する注目の学習塾の概要と戦略……37

練成会グループ

学力を伸ばしながら心も育てることを使命としています。……38
◆卓越した指導力により絶大な支持を得ても、常に挑戦する気概を……38
◆指導の原点は『熱意あふれる親身な指導』……39
◆さらなる質の向上に挑戦する練成会……40
◆超個別指導『練成会プラス』とは？……41
◆次世代型塾に向けて『リブランディング』……42
◆会員制現役予備校「ブレインズ・ジム」の戦略……43
◆東北展開で、教育理念『練成会イズム』の実現を!!……44
◆『練成会オンライン』が進化中……45

ヒューマレッジ（木村塾）

『人間教育最優先』をモットーとする地域一番塾……46
◆『普通の子』『勉強の苦手な子』の成績向上に
とことんこだわる不思議な進学塾……46

◆心が変われば成績は上がる …… 48
◆「生き方」としての「利他の心」が勉強の動機づけになる …… 50
◆「塾で日本を、そして世界を変える」 …… 53
Column 1 「塾講師？予備校講師？」前編 …… 54

Chapter 3 デジタル新時代を切り拓くコンテンツ …… 55

アバロンテクノロジーズ …… 56
作って動かしてみれば
自分の新たな可能性が見えてくる …… 56
◆デジタルを使った次世代の教育 …… 56
◆教育用3D-CAD「作ってみよう！」 …… 57
◆中学校向け「作ってみよう！板材作成機能」 …… 59
◆ロボットプログラミングツール「動かしてみよう！」 …… 59
◆高等学校情報科準拠「理解ちゃんと学ぶ情報Ⅰ」 …… 61
◆次世代の学習者に向けた教育がここにある …… 63

エムプランニング情報システム …… 64
システム化により業務の効率化を実現することで、
本来の教育という仕事に集中できるようにする …… 64
◆学習塾管理システムGrow …… 64
◆開発について …… 69
◆料金について …… 69

CONTENTS

◆今後の展開について …… 70

◆セキュリティについて …… 70

ソリューションゲート …… 72

コンテンツ作りから教育へのAI活用まで
幅広くデジタル商材を開発提供可能な会社 …… 72

◆コンテンツ作りには絶対の自信あり …… 72

◆小学校で注目を浴び始めた「ユニボ先生」 …… 73

◆チャットGPTの取り組みを開始 …… 75

◆動画コンテンツ制作へのこだわり …… 76

◆動画制作を始める前に考えたいこと …… 77

◆ソリューションゲートのコンテンツ制作の特長 …… 78

Column 2『AIコーチングとは?』 …… 80

Chapter 4 家庭教師派遣業界 …… 81

家庭教師派遣会社のトップ座談会　司会　綱島俊一EPL会長 …… 82

子どもの心に寄り添える一対一の指導 …… 82

◆一人ひとりにあった学習法を …… 83

◆上位層の生徒対象のコースも!? …… 84

◆自社の教材があるという強み …… 85

◆子どもが学び直せる機会を …… 85

◆自信と笑顔を取り戻せるように …… 87

◆体温のあるアナログも教育に必要……88
◆子どもたちの未来のために……89
◆満足できる環境が上質な仕事を生む……90
Column 3「管理システム」……92

Chapter5 特集 やりがいのある教育の現場とは？

千葉誠一……93
民間教育は、人間的成長ができるやりがいのある職場……94
一 全国主要塾の「やりがい」ある職場への取り組みとは？……94
◆数値では測れない教育という仕事のおもしろさ……95
◆充実した研修制度で、異業種から転職しても即戦力としての活躍が可能……96
◆充実した福利厚生と手厚い待遇……97
◆社員旅行も欠かせない研修の一つになる……98
◆良い意味の「競争原理」が生かされている……99
◆教育の仕事には「自分自身を高める覚悟」という快感がある……100
二 多様化する教育現場で働きながら日々何かを学ぶ……101
◆指導形態が多様化する教育現場……101
◆多彩な事業拡大で広がる職種と仕事……102
◆学習塾業界の「働き方改革」とは？……103
◆女性の活躍……104
◆生徒の自己実現を手助けし、かつ自分の夢を叶える……105

CONTENTS

Chapter 6 特集　公立中高一貫校対策&総合型選抜 …… 109

公立中高一貫校対策の拡大 …… 110
公立中高一貫校に生徒を送り出す学習塾が、教育に果たす役割がさらに大きくなる
◆将来のリーダーとなり得る人材教育 …… 110
◆都立の公立中高一貫校五校が完全中高一貫化 …… 111
◆茨城県の公立一貫校は全国最多の一三校 …… 112
総合型選抜とは？ …… 114
好きなことを究めた結果が評価され
難関大学に進学できる時代となった …… 114
◆植物学者の牧野富太郎博士のような逸材を …… 114
◆高校生の約半数が総合型と推薦型で受験 …… 115
◆基礎学力の大切さに改めて気づく …… 116
Column 4「スタッフは働きやすさ、生徒は居心地の良さ、保護者からは信頼」 …… 118

Chapter 7 特集特別編 …… 119

特集特別編1
◎教育という仕事の現状と今後の課題　千葉誠一 …… 120
◆少子化は解決しない …… 120
◆全員が教室長候補で人材不足を解決?! …… 121

◆塾の原点とは？……121

特集特別編2

◎学習塾での
チャットGPTの活用法とメリット　鈴木博文……122
◆突然現れた未来の技術……122
◆チャットGPTのおさらい……122
◆生徒に対しての学習指導やアドバイス……124
◆問題作成への活用……125
◆指導案の作成……126
◆探究心を育てるツールとしての活用……128
◆チャットGPTをどうとらえるか……129
◆子どもへの影響……130
◆新たな教育サービスの創出……130
Column 5「塾講師？予備校講師？」後編……132

Chapter 8　主要な学習塾業界の企業データ……133

◎業界主要各社の企業データ
練成会グループ……134
ヒューマレッジ（木村塾）……135
アバロンテクノロジーズ……136
エムプランニング情報システム……137

CONTENTS

ソリューションゲート……138
ビジュアルビジョン・野田塾……139
うすい学園・eisu group……140
ウィザス・ドリームチーム……141
明光ネットワークジャパン・ナガセ……142
浜学園・リソー教育グループ……143
市進グループ・早稲田アカデミー……144
ベネッセコーポレーション・Z会グループ……145
ステップ・秀英予備校……146
昴・臨海セミナー……147
公文・さなるグループ……148
京進・学究社（ena）……149
日能研関東・河合塾マナビス……150
栄光・進学プラザグループ……151
進学会・城南進学研究社（城南予備校）……152
成学社・やる気スイッチグループ……153
スプリックス森塾・学びエイド……154

Chapter 1

特集
学習塾業界とは？

学習塾業界とは？

一　塾の草創期から現在まで

神奈川県横浜市に「中萬英学塾」が産声をあげたのは一九五四年、これは日本でテレビ放送が開始された翌年のことである。その中萬学院も創業五五年にして、二〇一九年一〇月、愛知県に本部を置く「さなるグループ」に全株式を売却してその傘下となった。まるで長い年月が一瞬のうちに縮まるかのようなショッキングな出来事だが、これが学習塾業界の一つの現実でもある。さなるグループとしては、首都圏展開のベースを作ることに加えて、人材の確保が大きな目的である。昔も今も学習塾業界では、人材の質にこだわって運営されてきている。

◆塾の黎明期

かつて塾の指導は、学校の教師だったり学生だったりした人が家庭教師の延長線で、自宅の一角を使い一人で数名の生徒を教える、いわゆる個人指導かグループ指導であった。それが口コミでどんどん生徒が増えて、増床して足りず、ついにはテナントを借りたり別棟を建てたりして「塾の看板」を大きく掲げるようになった。そして個人商店のまま規模が拡大して複数校展開をするようになり、補習塾から進学塾へと移行していくところが増えた。

今から半世紀前といえば、ちょうど学生運動が盛んな時期であり、早大闘争や羽田闘争、そして東大安田講堂の封鎖から連合赤軍事件などが続いた時期

子供対象の民間教育の分類

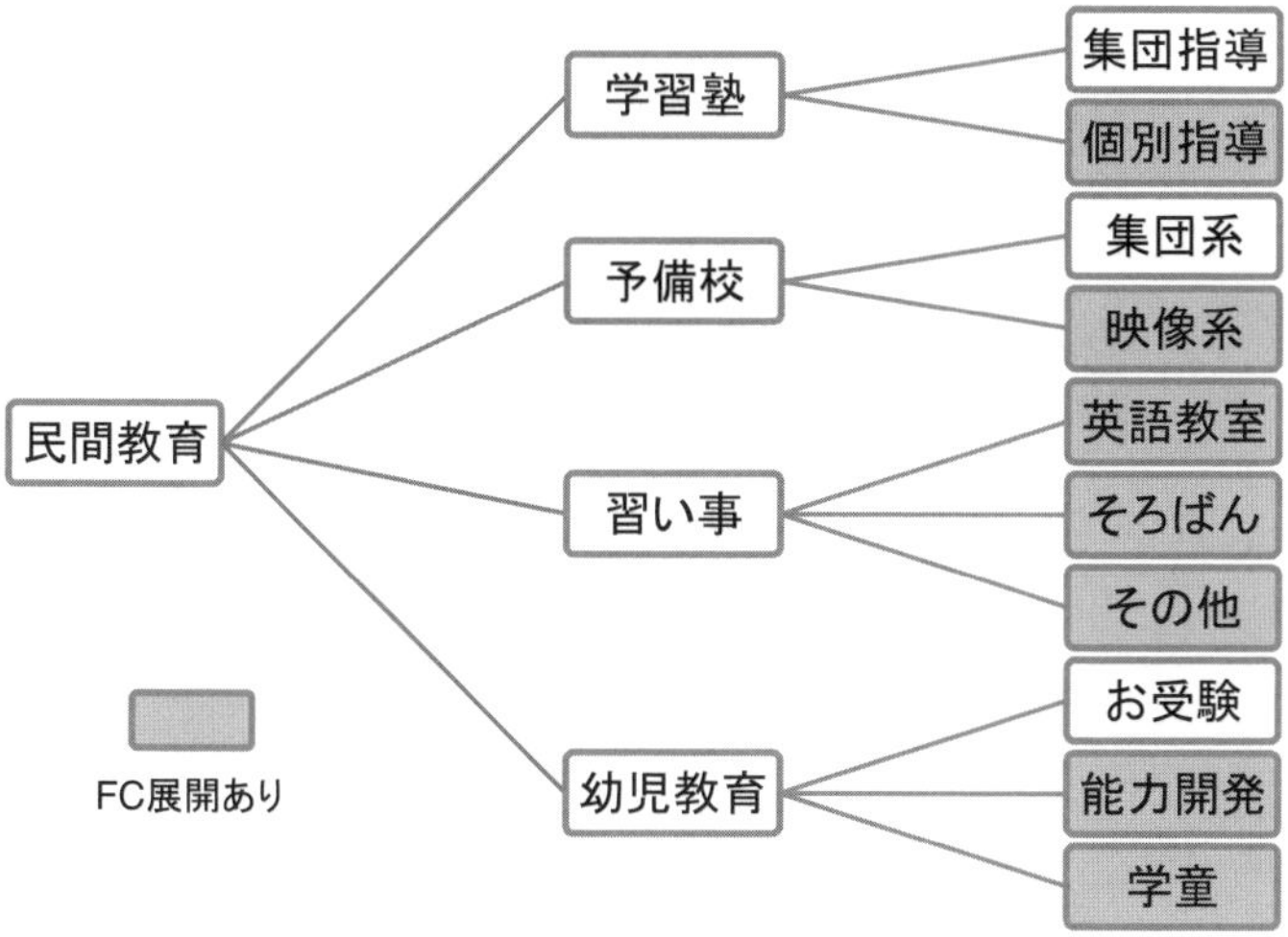

で、アジアではベトナム戦争が泥沼化していた。学生運動に疲れ就活にも挫折した人たちが塾を開いたり家庭教師で生活の糧を得はじめたのもこの時代である。

一九七〇年の三島由紀夫自決事件を契機として民主主義と防衛に関しての議論が高まる中、日本は沖縄返還協定と日本列島改造論で沸き返った。世界では、ベトナム反戦運動が盛り上がりつつ第四次中東戦争が勃発、ドル・ショックとオイル・ショックで原油価格が高騰した。

しかし、ロッキード事件で政財界の金まみれ体質が糾弾された後の日本は平和ボケと呼ばれるほどゆったりした時間の流れになり、「必要悪」と呼ばれた進学塾が急成長を遂げるようになるが、その主役の一部は学生運動の闘志たちだった。

八〇年代に入ると、ファミコンやＣＤプレイヤーが発売され、ＣＧ映画が公開されるなど、デジタル時代に突入し、政治も戦後総決算として中曽根内閣が躍動した……そんな中、第二世代として学習塾業界を現在牽引する経営者たちが塾を開いた。兵庫の木村塾や埼玉のビジュアルビジョンをはじめ、新地域一番塾として、集団指導だけでなく、個別指導やグループ指導にも挑戦した。次第に世間は多様な教育ニーズによる新しい形態の指導が広がっていった。

◆個別指導の歴史

ここで個別指導の歴史をひも解いてみよう。

江戸時代に誕生した「寺子屋教育」は、庶民の底辺を支える知識伝達の場として、二つの流れを作ったと言われる。それが学校の個別教育と私塾の個別指導である。

江戸時代の寺子屋（江戸東京博物館）。

昭和二七年（一九五三年）頃、佐々木慶一氏が東京大学医学部に進学後、本格的に取り組んだものが個別指導で、彼はその後医学への道を断念し個別指導の研究と実践に集中した。東京高等師範学校付属高校在学中にはじめた家庭教師がそのきっかけと言われる。

民間教育の発展は、その後集団指導の進学塾が中心となって推移したが、昭和五九年（一九八四年）頃、教育ニーズの多様化に合わせて、全個研と明光義塾が誕生し、それから雨後の筍のように全国で「個別型指導」というものが広がったが、実態は、市販の問題集や入試問題をコピーして「オリジナル教材」と加盟塾に配って契約料を取るスタイルが多かった。使う方も疑心暗鬼のまま運営していたのだろう。

そして昭和六二年（一九八七年）頃、第一次個別指導ブームが到来する。個別指導という形態によって、まず学力中下位層の生徒が塾に通うようになった。それを指導する学生講師がアルバイト先として塾を選び、いつしか卒塾生が指導に入るようになり、そこから卒塾生の入社も増えていった。教育の循環がスムースに流れはじめた時代である。

その後、平成元年（一九八九年）に第二次個別指導ブーム、平成一〇年（一九九八年）に第三次個別指導ブームがあり、平成一二年（二〇〇〇年）に第四次個別指導ブームがあり、階段を駆け上がるように全国的な個別指導教室の増加が顕著となった。

これらの時期に学校では、高等学校教育における学習指導の個別化や個別化教育の本格研究などが断続的に行われたが、指導の中心になることはなく、いわゆる研究テーマとして扱われただけという印象がつよい。しかし、昭和五八年（一九八四年）頃から中教審の報告などもあり、個別化教育に拍車がかかり、基礎基本の徹底と繰り返しによる定着学習のために個別化教育が効果的であるとされ全国の学校現場に広まっていった。ただし、現場に個別化教育の専門家は少ないか皆無で、実態としては「ティームティーチング＝ＴＴ」による個別指導の概念を超えた指導スタイルとなった。これは様々な指導を組み合わせて融合させたものであり、現在もこの分野

東進衛星予備校

栄光ゼミナール

駿台予備校

SAPIX

CG高等館と駿台が同じビルに

塾の季節講師は、大事な収入源であり、生徒の学力を上げて定着させる、まさに一石二鳥のイベント。

の研究や検証は続いているといってよい。

現場の教師が悩みながらも個別指導にこだわった背景には、学力差のある生徒への個別対応の重要性を認識していたことがある。この時代の研究や検証は今でも貴重なデータとして活用されている。

これまでいくつのブームがあったのか判明しないが、現在の個別指導の形態は大ブレイクした時期と同じ講師一人に生徒二人の「一対二」の形態が依然として主流で、医学部などを目指す生徒には一対一、集団の刺激も与えたい生徒たちには数名のグループ指導、タブレット活用の自立型など、個別指導の形態も時代の教育ニーズと指導の進化に応じて多様化している。

◆「集団個別型」「科目横断型」とは？

塾の歴史に戻る前にもう少し個別指導深掘りしてみよう。現在広まってきているものに「集団個別」という形態がある。これはたとえば二十～三十名の生徒を大きな教室で半分に分けて、一方はタブレットで予習、もう一方は小テストで自分の弱点をノートに書き込みながらの定着学習、そこに一〜二名の講師が分け入り、アドバイスをする。いわゆる「コーチング」である。このように、教え込むのではなく、生徒に学習の仕方を備えさせていくのが、今の塾指導の一つの大きな流れとなっている。

千葉県のある塾では、これをさらに進化させて、一般教養的に指導をしつつ生徒それぞれに意見や考えを文字や言葉で表現させたり議論させたりする独自のアウトプット型教育を実践している。この場合、ほぼ必然的に科目横断型の指導が必要となり、講師は生徒からの要望を受ける形で複数科目の指導をすることになる。これが結果として、公立中高一貫校対策や大学の新テスト対策につながるということで、中小塾から大手塾まで、新しいコースとして取り組んでいるところが増えている。

◆「自立学習」とは何か?

生徒自身に学ばせるといっても、勉強のモチベーションも学習意識も低く具体的な目標も定まっていない生徒に、いきなり自分でやろうというのは無理

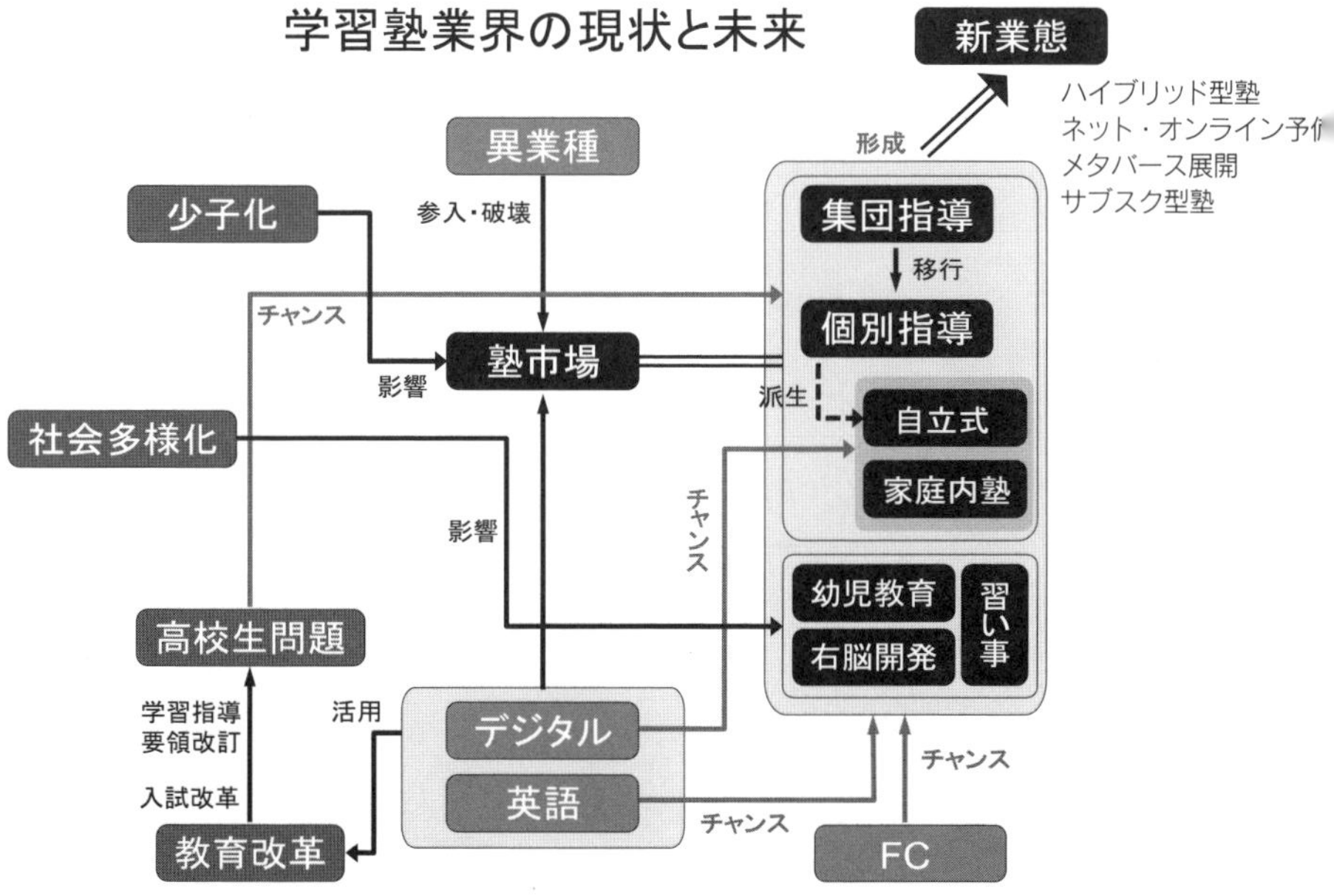

な話である。しかし、指導する講師の手間を省くための自立指導なのでもない。これは「学び」の新しいスタイルなのだ。どんな自分になりたいか？　どの大学で勉強すればそうなれるのか？　そのためにどんな勉強が必要か？　何をどう勉強するのが自分には最適か？　何が得意で不得意か？　自分の弱点は何か？

　こういったことを考えさせ、必要な行動を取らせるようにしむけることが重要であるという考え方が自立学習ともいえるが、一概には言い切れない。なぜなら、塾で指導する生徒たちには、難関校を目指す生徒もいれば、ＡＤＨＤ学習障害の生徒もいるからだ。ケースバイケースで対応しなければならないので、指導する側もつねに学び、生徒を観察しなければならない。

「大人が見ている視座と子どもが見えている視座が違うのと同じように、大人が考える学びと子どもが必要とする楽しい学びは違ったりする。そこに気付かないまま生徒指導する講師が塾にいたら失格」とベテラン塾講師は語る。

「それと、分かったつもりになった生徒と教えたつもりの講師は危険。何の成果も得られないまま先に進み、途中で理解していないことに気付いて後戻り、それも悪い事ではないが、出来れば理解するために繰り返し学んで定着させることの大切さが分かって先に進んだ方がいい。反復学習みたいなものか。能力が高くても学力の低い生徒は要するに要領が悪い。それを気付かせてあげるだけでかなり変わる。だから、有能な指導者は、いきなり教えない、あまり教え過ぎない」

　全国の塾で生徒の成績を伸ばしている塾ほど講師が少なく、あまり教えていないという。生徒たちは学び方を知っていて、先生にアドバイスを受けたら自分で必要な学習をして、適宜質問をして先に進む。塾側は定期的に小テストで定着度を確認すればよいのだ。こうすれば、先生の負担も減り、生徒の個別対応力も高まって生徒や保護者の評価も上がる。つまり塾の評判が口コミで広まるということにつながるのだ。

　自立学習のスタイルを磨いた先には、理想の塾があり、何も宣伝しないで生徒が集まる口コミだけで集まる塾への道が続いているのかもしれない。

二　学習塾業界の現状

いくつかのカテゴリーで現在の学習塾業界を分けてみよう。

まず大手塾、公文は別格として、これには地域一番塾だけでなくベネッセコーポレーションやＺ会なども含まれる。そして、大手塾の代表格としては次のような塾が名を連ねる。今回、神奈川県の中萬学院をグループ化したさなるグループは教室数六〇〇以上で生徒数約七万名であるが、こうしたメガ学習塾は塾運営だけでなく、自社で使うコンテンツを開発する会社や異業種のビジネスも手がけている。したがって、そこで働く人たちは最初は塾で研修したとしても、その後自分のやりたい仕事をグループ内で見つけていくことも出来る。（◎は株式公開企業）

◎明光ネットワークジャパン（明光義塾）、ＳＡＰＩＸ（代ゼミグループ）、

ビジュアルビジョングループ、

栄光グループ（Ｚ会ＨＤが一〇〇％出資）、ヒューマン・ブレーン、

臨海セミナー、家庭教師のトライ・トライグループ、ウィルウェイ（馬渕教室）、◎早稲田アカデミー、◎京進、ブレーンバンク（四谷学院）、湘南ゼミナール（スプリックスグループ）、◎ステップ、さなるグループ（佐鳴予備校、三島進学ゼミナール、中萬学院、エデュテックジャパン（スクール２１））、◎市進グループ、ワオ・コーポレーション（能開センター、ＭＢＯによる非上場化）、俊英館（ＦＬＥＸ）、ＮＳＧアカデミー、クラ・ゼミ、◎秀英予備校、

◎成学社（開成教育セミナー、フリーステップなど）、ケーイーシー、

ＫＡＴＥＫＹＯグループ、英進館ＨＤ、個別指導塾スタンダード、

名校教育グループ（留学生支援）、鴎州コーポレーション、

◎ウィザス（第一ゼミナール）、東京個別指導学院＝ＴＫＧ（直営展開、◎ベネッセグループ）、

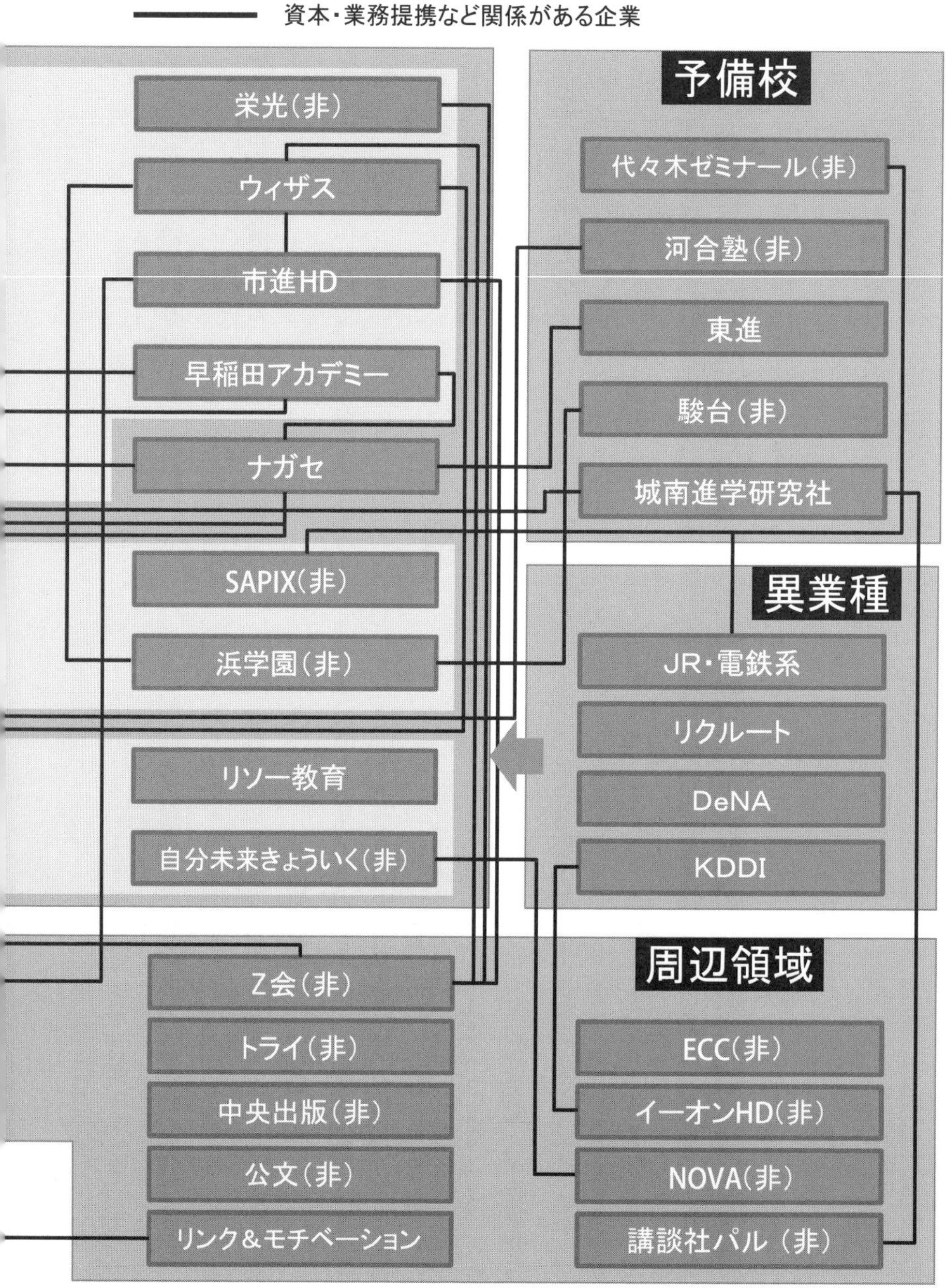
資本・業務提携など関係がある企業
栄光(非)
ウィザス
市進HD
早稲田アカデミー
ナガセ
SAPIX(非)
浜学園(非)
リソー教育
自分未来きょういく(非)
予備校
代々木ゼミナール(非)
河合塾(非)
東進
駿台(非)
城南進学研究社
異業種
JR・電鉄系
リクルート
DeNA
KDDI
周辺領域
Z会(非)
トライ(非)
中央出版(非)
公文(非)
リンク&モチベーション
ECC(非)
イーオンHD(非)
NOVA(非)
講談社パル (非)

塾予備校市場相関図

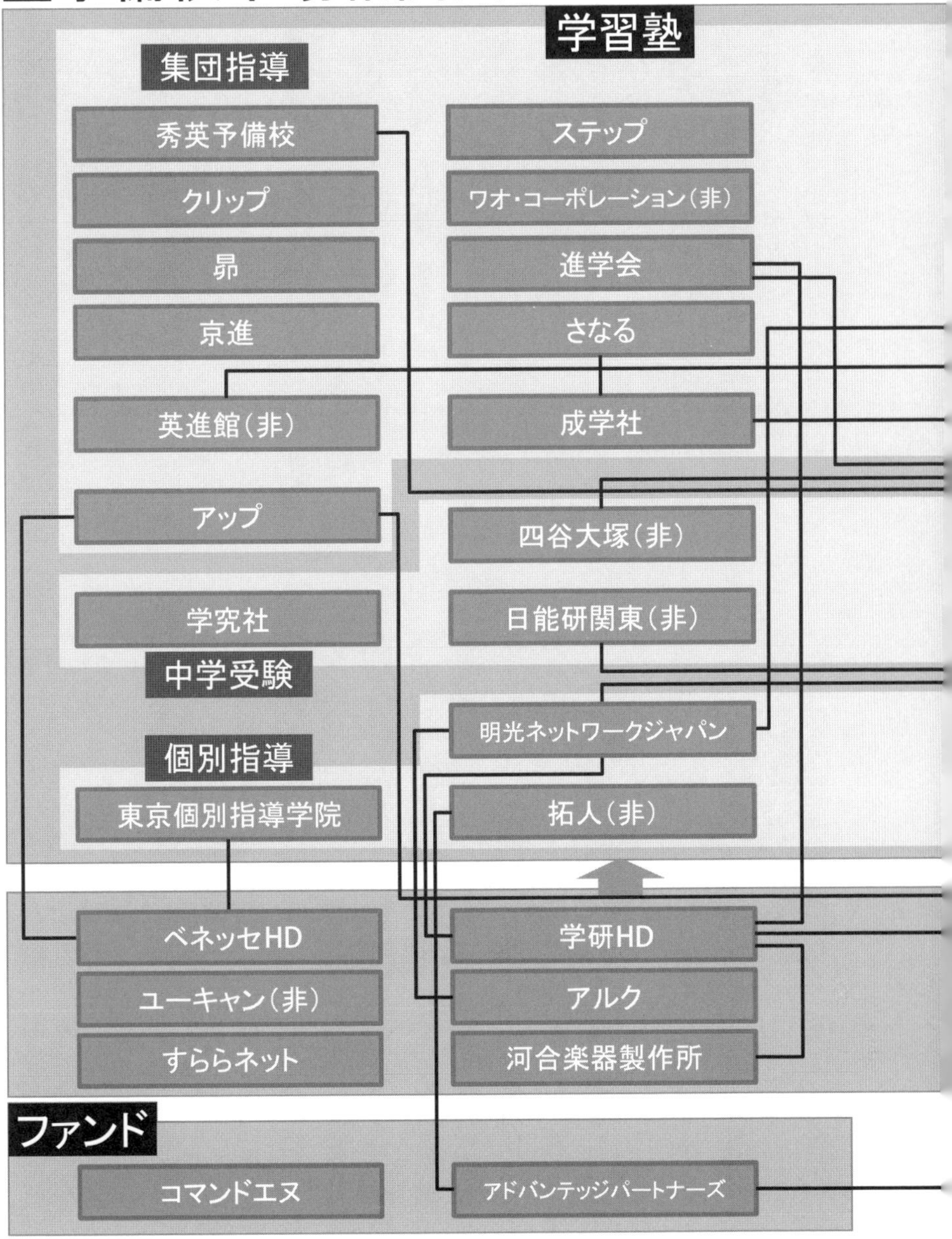
学習塾
集団指導
秀英予備校
クリップ
昴
京進
英進館（非）
アップ
学究社
中学受験
個別指導
東京個別指導学院
ステップ
ワオ・コーポレーション（非）
進学会
さなる
成学社
四谷大塚（非）
日能研関東（非）
明光ネットワークジャパン
拓人（非）
ベネッセHD
ユーキャン（非）
すららネット
学研HD
アルク
河合楽器製作所
ファンド
コマンドエヌ
アドバンテッジパートナーズ

◎進学会ＨＤ、◎リソー教育グループ、
練成会グループ、◎学究社（ｅｎａ）、進学プラザ
グループ、◎昴（鶴丸予備校）、
アップ（ベネッセグループになり非上場化）、◎城
南進学研究社（城南予備校）、
◎スプリクス（森塾）、◎クリップコーポレーショ
ン（ヤルキー学園）、
拓人（ＩＥスクエア）、ヒューマレッジ（木村塾・
ナガセグループ）、うすい（うすい学園）、
ｅｉｓｕ ｇｒｏｕｐ、日能研、日能研関東、日能
研関西、浜学園、野田塾、名進研、
若松塾（ウィルウェイ馬淵教育グループ）、早稲田
塾（◎ナガセグループ）、
成基コミュニティグループ（成基学園、ゴールフ
リー）など……。

まだまだ地域一番手二番手三番手の塾をあげればキリがないが、かつて栄えた塾が衰退したり、身売りして他塾のグループに入ったり、資本提携、業務提携など複雑なつながりが現在出来ている。

株式公開（上場）塾は、リソー教育・ナガセ・明

塾同士の情報交換と交流、そして研修も盛ん。

塾の経営者の勉強会。

光ネットワークジャパン・ステップ・スプリクス・早稲田アカデミー・学究社・進学会ＨＤ・京進・東京個別指導学院・ウィザス・成学社・市進ＨＤ・クリップコーポレーション・城南進学研究社・昴・秀英予備校・名学館など十八社だが、かつて公開企業だったところもあり、栄光・アップ・ワオコーポレーションなど三社、栄光はＺ会が一〇

〇％出資したことで非上場となり、アップはベネッセグループに入り、ワオはＭＢＯで非上場化した。また、二〇一九年末に千葉県旭市に本部を置き、スクールＩＥ（拓人）の個別ＦＣを展開するマンツーマンアカデミーが、ヤマノＨＤの傘下となり、事実上の株式公開企業の子会社となった。

なお、早稲田塾と四谷大塚そして木村塾はナガセグループに入り、全教研は学研ＨＤ傘下となった。

このように、「多すぎる」といわれる教育サービス業界の学習塾や予備校が再編されていく中で、指導に活用されるツールやコンテンツの質は年々上がっている。パソコンからタブレットがスタンダード化される中で、そこに入る教育アプリは、英語を中心にかなりの数が開発され、各地の塾で使われている。

これらの大手塾のほかに、株式を上場している教育関係の企業では、すららネット、エスサイエンス、ビアズ、レアジョブ、インソース、ビジネスブレークスルー、資格のＴＡＣ、アイスタディ、アルー、ウィルソンラーニングワールドレアジョブ、プログリット、クシム、ＫＩＹＯラーニング、ＦＣＥ　ＨＯｌｄｉｎｇｓ、コーチ・エイ、サクシード、ｍａｎａｂｙ、ビジネスコーチなどがある。次第に教室で指導する塾だけでなく、教育全体に関わるビジネスを展開する会社が増えているのだ。学習塾業界には、それだけ多様な職種と仕事があるということになる。

お気づきのように、学習塾業界はすでに学習塾や予備校にとどまらず、教材制作会社をはじめ教育アプリ、ネット予備校、システム関係など多種多様な事業を手がける会社が増えている。入口が塾であってもそうでなくても構わない。日本の未来の為に働ける仕事であることだけは確かなのである。

三　映像授業からネット予備校、そしてタブレットからスマホ、さらにＡＩロボットへ

◆教育ＩＣＴ化とは？

さて、教育ＩＣＴ化が加速している学習塾業界の未来はどのようなものになっていくのだろうか？

二〇年ほど前から映像授業というものが生まれて進化し、現在はネットによるオンデマンド化が当た

り前になっている。いわゆる「ネット予備校」は無料で視聴できるものから高額なサービスが伴うものまで幅広い商品化が成されているが、未だに進化の途上にある。

人の代わりに黒板や白板に映像を映したり、パソコンやタブレットなどで映像授業を見て学習するスタイルは、次第に個別指導のスタイルとなり、主として高校生が大学受験の勉強をする際に自習室を伴って活用されている。したがって、塾や予備校に直接指導する先生はいなくても、教育が成り立つのである。もう少し分かり易く解説すれば、生徒は自分の個室やスペースを持ち、映像授業で先生の解説を見聴きして、自習スペースで復習したり入試問題の演習をする。何か受講や進路について相談したい時は教務を担当するスタッフに相談するのである。

現在、学習塾業界の大きな悩みの一つが人材確保である。時代の流れの中で、つねに景気変動や就職戦線、そして学生の好き嫌いに左右されてきた。かつて金融業界が大人気だった時代や流通業界が大人気だった時代などがある。しかし、学習塾業界が大人気だった時代というのは思い当たらない。ところが、地域によっては、人気企業のトップ一〇に毎年名を連ねるところがある。その理由は何だろうか？

「地元の知名度が高く、かつて必要悪と言われたような塾のイメージはない。また、校舎の外観や内装が綺麗で、勤務時間も選ぶことができて福利厚生も充実している」と語るのは東海地区の某塾幹部。

「最近保養所などは減ってきて、全国の施設を自由に選ぶ傾向にあるが、若手社員にもベテラン社員にも対応した福利厚生が出来ている。また、研修と銘打った国内外の社員旅行も定期的に行われている。これはリフレッシュ出来るだけでなく、新たな仕事へのプラスにもなる。新たな体験が生徒指導にも生かされるということだ。さらに、教育ＩＣＴ化が教育現場で進む現在、働きながらデジタル・情報関係の資格取得ができるようになっている。英会話もそうだしパソコン関係の検定もそうだ。これは万一転職する時も役立つ」

働きながら資格を取得しスキルアップを図る、そして万一同業他社や異業種いずれに転職しても活躍できるベースを作る。これは会社勤めをしてしまうとなかなかやれないことであるが、学習塾業界にはそれを可能にする時間と余裕があるのだ。

◆生徒の未来に貢献できる塾

「文理融合」時代には「科目横断型の指導」がスタンダード化していくことが確実だが、科目横断型の指導のできる教師がどれだけいるのか？　どうしたら育成できるのか？　人や教材に投資した分を回収するためにはどのようなビジネスモデルにすればよいのか……塾自体が問題解決型組織として新たに稼働していかないと先に進まなくなるのである。しかし、これは遣り甲斐のある仕事であることも確かなのだ。

さて二〇一九年、大学入試改革において英語民間試験と国語の記述式の見送りが発表されたが、新しい学びは着実に次の世代を未来で待ち構えている。準備していた人たちは落胆したが、導入される学年が数年ズレるだけだとも言える。国語の記述式も含めて、将来的に新テストが実施されていくのである。

ただし、大学入試のためだけに教育があるわけではないので、学習塾業界では、生徒一人ひとりが未来で活躍できる学びについて検証していくべきであろう。

「受験のためだけの勉強なら、出来るだけ少ない時間で少ない勉強をする、いわゆる短距離走をすればよいが、人生は長い。受験を突破するだけでなく、人生の中で楽しく自己実現できる仕事を見つけて、そのために必要な学びをしていくことが大事だ」と語るのは、塾業界の重鎮。

「そのような時代に生徒指導する人は、デジタル機器に対しての知識や技能が優れているだけでなく、レベルの違う生徒に適切なアドバイスが出来る人が望ましい。つまり、優秀な生徒にはちょっとだけ先を見せてあげるようなアドバイス、慣れるのに時間のかかる生徒には適切な手順を見せてあげて取り組ませるなど、臨機応変な指導が出来る人材を塾が確保しなければ、学習塾業界で生き残ることは出来ない」

もう一人の業界の重鎮は次のように語る。

東京大学赤門。

「大事なのは教育への情熱。生徒の未来は高齢化した講師の未来でもある。生徒に自己実現させるだけでなく、より良き未来を創るための教育に携わっているのだという自覚があれば、その指導も当然かなりの熱を帯びていく。そして熱の伝播により、指導する環境が盛り上がり、それは当然のことながら塾の繁栄を約束し、塾同士と講師同士の切磋琢磨で良い教育サービスが広がって行くことになる」

働きながら学べて、新しい教育ＩＣＴ時代にも対応し、未来の新しい社会の構築にも貢献できる、学習塾業界で働く魅力がここに集約されている。様々な苦難や不安も待ち構えているだろうが、これからも学習塾業界はまさに働き甲斐のある業界であることは間違いない。

◆指導のノウハウを注ぎ、サポート校を展開する塾や予備校

現在、注目される民間教育のスタイルに通信制高校のサポート校があり、これを運営する塾や予備校も多い。サポート校とは、通信制高校に在学してい

る生徒のための民間の教育機関。通信制高校は、その学びのスタイルから、高校を中退した人、不登校で悩む生徒、発達障害などにより通常の学習が難しい生徒に向けた学校である。通信制高校を卒業するには、レポートやスクーリング、テストを通じて単位を取得する必要がある。しかし、通学せずに独学で勉強するため、途中で挫折したり、三年間で卒業できなかったりするケースも少なくない。そこで、サポート校では、少人数制や担任制などを導入。単位取得や進級に向けて、学習面や生活面、精神面なども支援しながら卒業までをバックアップしている。

　塾や予備校が運営するサポート校の特色は、培ってきた大学受験や個人指導のノウハウを活かせることだ。こうしたサポート校には、河合塾の「河合塾ＣＯＳＭＯ」「河合塾サポート梅田」、個別指導塾スタンダードの「スタンダード高等学院」、早稲田ゼミナールの「早稲田ゼミナール高等部」、学研の「ＷＩＬＬ学園」などがある。

　個別指導塾スタンダードを全国的に展開する（株）個別指導塾スタンダードの「スタンダード高等学院」は、同塾の直営と加盟塾がある都道府県でサポートが受けられる。原則は在宅学習だが、「標準サポートコース」では、最寄りの個別指導塾スタンダードで講師に質問対応してもらうことが出来る。また、サポート校といえば高卒資格取得が主たる目標だが、同校の「大学受験コース」では、本人の志望に即した進学指導のもとに、担任が生徒に合わせた個別のカリキュラムを組み、大学受験に向けた指導を行っている。「ＷＩＬＬ学園」は埼玉、千葉、茨城、大阪、兵庫に教室を展開している。特色は不登校の子どもたちへのサポートが手厚いこと。講師が自宅を週二日訪問して授業を行う「在宅コース」、週二日の通学授業に加えて週一日のペースで講師が自宅を訪問しサポートする「特選コース」、講師と信頼関係を築いて除々に通学に慣れていく「選択コース」などが用意されている。

◆3Dの特性を活かした学習アプリも登場

　スマートフォンやタブレットＰＣなどＩＴツールの普及により、学習オンラインサービスを利用する子どもたちも増えてきた。中でも人気のアプリが、㈱リクルートマーケティングパートナーズが提供する小中高校生向けの「スタディサプリ」だ。低使用料と充実したコンテンツが高く評価され、私立の中高一貫校などにも導入されている。

「スタディサプリ」は二〇一一年に高三生や受験生を対象とした「受験サプリ」としてスタート。プロ講師による講義の動画で志望校合格をサポートしてきた。その後、小中学生に向けた「勉強サプリ」、英語学習用の「英語サプリ」「英単語サプリ」などユーザーのニーズに応えたアプリを開発。二〇二〇年度の累計有料会員数は一九四万人を突破する。現在、「小学講座」「中学講座」「高校講座」「大学受験講座」「ＥＮＧＬＩＳＨ」「英単語」などがリーズナブルな価格で利用できるようになった。

「この星1位の映像教材」「明日やろうは、バカやろう！」をキャッチフレーズに、全国実力講師陣（鉄人）が、垣根を超えて集結した「学びエイド」は、一日三コマまで無料で、全科目＋教養講座の五万九千コマを受講できる画期的なシステムで学校や塾の生徒の支持を集めており、塾や予備校から注目され全国四千以上の教室に導入されている。

「学びエイド」はデジタル参考書。

◆デジタル新時代を先取りする教室展開

デジタル参考書と呼ばれる「学びエイド」が、埼玉県浦和美園にアンテナショップとして「satellite study salon THE DOOR」を開校した。全国からの見学者を受け入れたり、導入塾の講師研修をしたりするが、それに加えて、ここでは更なる新しい塾のカタチ「メタバース会員」を募集する。決まった時間に通塾する必要はなく、ＴＨＥ ＤＯＯＲでは、メタバースによる二四時間、三六五日学習ができる自習空間を提供している。これは民間教育業界のみならず日本いや世界的にも初めての試みかもしれない。

さらにここでは他塾からの依頼に応えて、映像のＤＸ化も行っている。生徒たちはリアルとリモートのハイブリッド型での学習を続けているが、これも新型コロナ感染対策で全国的にスタンダード化された。いまでも生徒の保護者の約九割はリアルな指導を望んでいるが、かといって、塾にリモートやオンラインのしくみがないと不安なる。これからの塾はこうしたハイブリッド型の教室展開が主流になるのだろう。

と思っていたら、早稲田アカデミーが新規校舎を「オンライン開校」した。リアルな校舎を開校するためには、市場調査や物件探し、そして人材や備品の確保が必要だが、オンライン開校においてはそれらの多くが不要になるというメリットがある。全国的にこれを追随する動きが出てきた。新型コロナ感染の拡大による塾業界への影響で、教育のデジタル化が数年早まったとも言われており、ハイブリットだけでなく、メタバース展開やオンライン開校などをはじめ、さらなる新たな動きが今後続々と出てくる可能性がある。そうしたわくわく感のある業界が学習業界なのである。

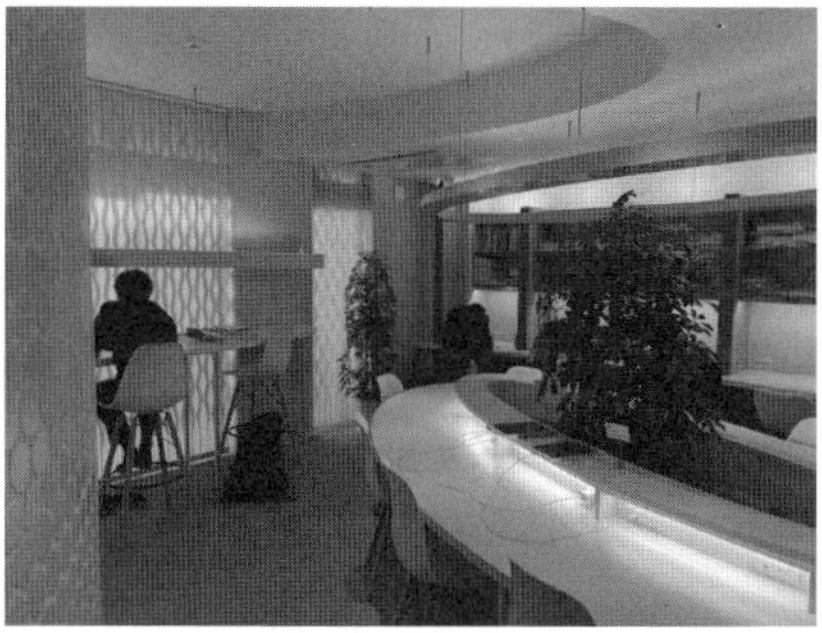

THE DOORのおしゃれな空間

◆学習塾業界に多彩な業界と業種から参入続々

(1)この本にも掲載されている「アバロンテクノロジーズ」は、３Ｄプリンタと３Ｄ-ＣＡＤを教育に活用できるよう工夫をし、三次元に関するハイスキルを持つ仲間と共に開発を進めて、「作ってみよう！」や「理解ちゃん」になった。ＰＣを使ったものづくりには、作りたいものの立体像を、見えない部分も含めてよく考え、ＸＹＺ軸で設計する必要がある。この訓練が将来、アイデアを形にし、新たなものを創出するための力となると考え、子どもたちの想像力と創造性を引き出すために、３Ｄプリンタを導入した教育プログラムを展開している。

THE DOORのおしゃれな空間

(2)次に、ＲＩＣＯＨが海老名の「コワーキングスペース」で、レンタルオフィス・貸会議室・ワークラウンジなどの提供「ROLE」やものづくり共創スペース「RICOH Collaboration Hub」に加えて、子どもたちが科学に触れ、自らの未来を切り開いていく場として「サイエンスラボ　コサイエ」lounge&labを開校した。いわゆるアフタースクールの理科実験教室なのだが、そこはＲＩＣＯＨなので、様々な新鮮な学びが用意されている。単なるアフタースクールではなく、学びつつ、刺激を与え合い、成長することができる場となっている。

「コサイエ」の詳細はこのＱＲコードから

(3)最後に、三九社のグループ会社がある古河グループの一つ、古河産業では、新規事業として、卓上型学習支援のＡＩロボット「ユニボ先生」を自治体や教育機関に企画提案し販売している。複数の学年の複式クラスや特別支援学級などで効果を発揮しているという。同社では、農林畜水産業への進出、そして給食システムや経済的冷房温室クールサットハウスの開発と販売など食の分野にも進出しており、「食育」も視野に入れているのかもしれない……このように様々な業界から教育業界への進出が相次いでおり、これからの変化が楽しみである。

Chapter 2

急伸する
注目の学習塾の
概要と戦略

練成会グループ

学力を伸ばしながら心も育てることを使命としています。

◆卓越した指導力により絶大な支持を得ても、常に挑戦する気概を

　北海道札幌市に総本部を置く練成会グループは、北海道と山形・青森・仙台、国内二八都市、一二三会場にて学習塾を運営しており、グループ社員五〇七名、塾生数は二万四千名を超えており、中学・高校・大学受験において圧倒的な合格実績を誇っている。

　創業当初は高校受験を中心とした中学生指導がメインであったが、現在は小学生から高校生までの小中高一貫指導体制を確立。集団指導を柱に各地域には個別指導教室も併設しており、札幌には高校部現役予備校の独自ブランドも展開。絶対的な指導力による圧倒的な合格実績は安心と信頼の証となっている。

　また幅広いニーズに応え、札幌では幼児から小学生を対象とするインターナショナルスクールも運営しており、近年では従来の指導形態だけに捉われず、映像やユニークな教材を用いたコンテンツも積極的に取り入れ、二〇二〇年からはオリジナル映像授業を配信する「練成会オンライン」も開講するなど、常に新たな学びの場と機会を創り続けてきた。

　このように多岐にわたるツールを揃え、各部門・エリアごとにオリジナリティあるカリキュラムを提供している。

◆指導の原点は『熱意あふれる親身な指導』

指導形態は各世代の子どもたちへの効果的な学習を提案するなか、集団指導や個別指導、そしてオンラインなどさまざまな学習環境を整えており、幅広い学年で受講を可能とする能力を伸ばす指導体制を確立。そして、その指導にあたっては、各地区ともに常勤体制を整え、プロの講師が責任をもって指導にあたることによって、塾生・保護者にも絶大なる信頼を得ています。

練成会は、一人ひとりの講師の個性を十二分に発揮することで、活気あふれる授業を展開してきたが、その姿勢は創業以来今も変わっていない。～塾の魅力は、人づくりを通して地域貢献する存在であること。教育という仕事のやりがいは、子どもたちの成長とともに私たち自身も成長できる点にあり、さらに私たちを超えていく子どもたちの姿は未来創造へのエネルギーとなっています。また、昨今の動きでは自治体や教育委員会とも協働し、ＩＣＴ等を活用しながら公教育における教育支援にも力を入れています。

創業の地・帯広本部
練成会グループの創設者である、代表取締役会長　奥山英明

資源の乏しい日本にとって子どもたちは宝であり、その宝が前向きな努力の積み重ねによってさらに磨かれ、希望に満ち溢れた存在となることこそが、日本を、そして世界を創っていく。練成会グループはそんな高い志をもった学習塾である。

◆さらなる質の向上に挑戦する練成会

㈱練成会は札幌練成会六四教室、小樽練成会三教室、岩見沢練成会二教室、四谷大塚ＮＥＴ三教室、東進衛星予備校二二教室、東進中学ＮＥＴ二教室、山形練成会七教室、青森練成会六教室、二〇一七年に仙台練成会を開設、一三教室を展開している。

小学生部門では、主力の総合的学力を養う標準クラスのほか、英検対応の英語クラス、低学年に特化した能力開発クラスがある。また、中学受験の実績のある「四谷大塚ＮＥＴ」は開校八年目にして札幌市内私立中合格実績№１とともに、首都圏超難関校への合格生を送り出すなど、北海道内で最高レベルの受験指導を誇っている。

㈱練成会　取締役副社長
山本直樹

中学生部門は、高校受験を主とした総合的学力を養うクラスが主体。練成会の指導ノウハウを凝縮させ、学力別クラス編成で基本から応用まで幅広く指導している。

高校生部門は東大現役合格者八〇一名を輩出する全国最大規模の「東進衛星予備校」を札幌市内の特に利便性の高いエリアに設置。通いやすさは勿論、自習ルームやフリースペースなど充実化を図り、どの塾にも負けない快適な学習空間を提供している。

その結果、北海道では最も偏差値ランクの高い札幌南・札幌北への上位合格はもちろん、その先にある東大・京大・国立大医学部への現役合格を果たしており、２０２３年度入試では、札幌トップ四高校への合格者はすべて三桁超えの４５７名を輩出。旧七帝大合格者も計２６４名で過去最高を記録する成果を生み出した。

「指導形態や学年の違いはあれど、練成会グループのモットーである『熱意あふれる親身な指導』が私たちの姿勢です。通ってくれる生徒たち、通わせてくれる保護者さまへの感謝の気持ちを忘れず、現状に甘んじることなく、日々、学習サービスの質を向上させ続ける集団でありたい。そんな思いで、常に前を、上を見て走り続けています」（山本直樹氏）

◆超個別指導「練成会プラス」とは？

札幌地区以外の道内の展開において、山崎氏は「練成会（集団）」「練成会プラス」と「東進衛星予備校」の三事業部を運営している。

「練成会プラス」は、最短で学力と成績を上げるために、練成会グループの地域に根ざした指導力とＡＩ教材ａｔａｍａ＋によって、「勉強に向きあう姿勢」を変えることを目的としている。

「練成会プラスで得られる力は『自分から』の勉強姿勢、『目標』までやり続ける力、『伸びる』ための考える力。そのために学習内容を個別に最適化できるＡＩツールを使い、人間は学習内容それ自体の指導は行いません。人間はコーチ＋モチベーターとして機能します」と山崎氏。

㈱れんせい　取締役副社長
山崎敏史

道内では、高校入試において定員割れも各地で起き始めており、都市部の一部のトップ校を目指す進学塾以外では通塾率も下がっている。しかし、生徒の学習方法を自立型に切り替えて、態度変容ができれば、高校入試で終わらない一生役立つ学習能力が身につく。

「私が担当するエリアは、札幌以外の全道で小中生六四教室と東進衛星予備校の高校部九校を展開。練成会プラスでは損益分岐点ギリギリの教室もありますが、二〇人でスタートした教室が四ヶ月後に六〇人になった事例も生まれており、教室長一名と学生講師で運営し、経営成果も出せることが明確になりました」

「札幌の『個別指導３・１４』を成功モデルとして継承し地域性にあわせた展開を行い、より効果的な学習を提供したいと思います」（山崎氏）

構造的な市場の縮小はこれからも続く。必要な学びを確実に担保しつつも、より時間的効果を改善し費用対効果の高い学び、生徒たちが将来を豊かに生きるための学びの提供で、生徒保護者のニーズを上回るサービスを生み続け、シェアの拡大を目指している。

◆次世代型塾に向けて「リブランディング」

これまでのラインナップを見直して、『個別指導３・１４』、『ブレインズ・ジム』、『東京ＩＳ』の三ブランドに絞り込んで「リブランディング」を図っている個別指導事業部の吉田厚二副社長は語る。

「ａｔａｍａ＋を全面導入して教務のＡＩ化を図りつつ、講師数を半減させて、この三年でリブランディング化を図りました」

これは言い換えれば「ＡＩ時代の為の人材育成」に注力したいからにほかならない。生徒たちは生まれながらにデジタル世代なので、その指導に取り組む講師陣の育成にも工夫が必要だ。社内外からの研修に加えて、学び直しも必要になる。

㈱れんせい　取締役副社長
吉田厚二

「ＡＩの活かし方を学ぶための予算を確保しつつ同時に全体の財務改善も実現できました」

ＡＩによる学習の個別最適化を目指す中、次学年まで先取り学習する生徒はまだ全体の二割程度だが、躓きの原因まで戻って根本解決できることで浮きこぼれも落ちこぼれも無くすことができている。

「加えて社員が生徒の『受験コンサルタント』として機能し、トータルサポートをしています。ＡＩ教材の活かし方を指導したり、モチベーションを高めたりするのは人間にしかできません」

社員や講師が生徒との面談を経て一緒に学習計画を組み上げていくことを「作戦会議」と呼ぶ。

「たとえば受験までに合格確率が60%の生徒を80%にするためにどうしたらよいか、一緒に考えて決める、本人がやり抜く、それを我々が支えていくのです。北海道大学を目指す生徒を増やす目的で『北大へ行こう!』という啓蒙ポスターを作りましたが、北大に合格するための最良の学習法を人間の面談力で支えていきます。北大の合格者数は道内生が三割程度です。全国のライバルに対抗できるように学力を高めて、道内生の合格比率を高めたいのです」

そのため、個別指導３・１４やブレインズ・ジムでは、講師の指導のもとで豊富な演習を繰り返しながら、生徒自身がアウトプットできる力を高めている。これは中学生から始まっており、言い換えれば次世代型の「中高一貫の塾」として成果をあげてきたのだ。

「北大の現役合格者数・合格率ともに過去最高を更新中です。私たちはこの『北大合格プロジェクト』をさらに大きく育てていきます」(吉田氏)

◆会員制現役予備校『ブレインズ・ジム』の戦略

　受験を通じて人間力を育てる会員制現役予備校『ブレインズ・ジム』を統括している松田彩氏は、教育方針について次のように語る。

㈱れんせい　常務執行役員
松田 彩

「開校時からブレインズ・ジムが一貫して重視してきたものは『人』です。教室をつくるのはそこで働く講師と勉強している生徒です。生徒は講師に似て、講師は社員に似ます。ですから、まずは社員が生徒と講師に対して一生懸命であり、『彼らの人生を良い方向に変えたい』と本気で願い関わることが大切です。こうした『人』がつくりだす想いの連鎖が、ブレインズ・ジムをここまで成長させてきました。また、大学受験は人生最初の難関ですが、その難関を乗り越える過程で身につける力は、社会に出てから活躍するために必要な力そのもの。大学受験を通じて社会に通じる人間力を鍛える場所がブレインズ・ジムです」

　ブレインズ・ジムでは、「ブレサポ」という独自の現役合格サポートシステムをベースとして、質の高い自学ができる会員制自学専用空間「ＢＧセルフ」と、弱点をピンポイントで克服できる個人別・志望大別授業「ＢＧパーソナル」の二つのコースを提供している。また、二〇二〇年からは「オンライン校」も開校し、札幌市内に一〇校舎体制となっている。

「最適な学習環境の中、生徒は勉強や受験、講師は仕事を通して、生きる力、幸せになる力を身につけて巣立っていってほしいと願っています」(松田氏)

◆東北展開で、教育理念『練成会イズム』の実現を!!

仙台練成会本部長の安部光氏は、山形・青森に続く東北への展開に関して次のように語る。

「『本物の塾』を全国に広げ、地域の学力向上や教育によって『人づくり・国づくり』に貢献したいという思いが根底にあります。

私は青森練成会進出に携わり、人間性豊かで素直で根気強く、教育の質を重視される東北地方の方々の志向・気質には、練成会の『熱意あふれる親身な指導』が浸透し、根付き、成功するという確信が、いよいよ現実化していると感じています」

仙台練成会本部長
安部光

東北への進出は地域名を冠した山形練成会を二〇一三年夏に小中学部五校舎（山形市三校舎・天童市二校舎）・高校部一校舎にてスタートをきり、現在は山形・天童・東根の各都市に八校舎を展開。

さらに、山形県に続き、青森県での校舎展開が二〇一四年からスタート、九年目を迎える現在は、青森・弘前に七校舎を展開している。

そして、二〇一七年には杜の都仙台市に仙台練成会を開校。仙台市内に一気に五校舎を展開した。翌年には高校部の東進衛星予備校北四番丁校や小学校低学年専門の「キワミキッズ」、二〇一九年の冬に榴ヶ岡スクール、その後も市内外に展開し、二〇二三年春、小鶴新田スクールの開校が十四校舎目となった。

「山形・青森・仙台ともに、地域の方々に支えられ、多くのお子様に通塾していただいております。

これからも地域全体の学力向上に貢献できるように、指導に力を入れ、地域に根差し、地域の塾文化を創造し続けます。教室が増えても練成会イズムが薄まらないようにし、質の高い教育サービスを提供します」

◆「練成会オンライン」が進化中

㈱練成会のオンライン指導本部　ＩＣＴ統括本部長の吉田文博氏は、「練成会オンライン」について次のように語った。

「二〇一四年から企画自体はありましたが、実際に動き出したのは二〇二〇年で、集団指導の授業を担当している専任講師の授業を収録し、小学4年生から中学3年生までレギュラーで一年間オリジナルの映像教材を使えるようにしました」

　質問対応も可能なプラットフォームも自社開発している。

「コロナで映像授業に対する保護者の不安や抵抗が無くなりました。家庭で塾と同じ授業を受けられるなら、遠隔で生授業の配信やアーカイブされた授業映像の視聴を希望されるご家庭が増えました。振替授業もこれでクリアできます」

ICT統括本部長
吉田文博

　コロナから二年後の夏期講習では予想を超える受講者があり、「練成会の教室がない地域への展開がこれで可能になる」と確信したと吉田氏は語る。

「道内だけでなく離島なども通信インフラが整備されているところが多く、問題なく映像授業での受講が可能。今後練成会というブランドがさらに浸透すれば場所がどこでも、保護者の子どもを塾に行かせたいという願いに応えていくことができます」

　今後の展開について吉田氏は「ローカライゼーション」がポイントと話す。

「私たちも映像のオリジナリティと質にこだわり、ローカルな情報を盛り込んだ進路指導と学習履歴の有効活用をしていきたい。元々人材は豊富ですので、生徒に基礎学力をつけて自立させていきたいですね」

　これまで映像制作に追われてきたが、それも一段落し、オンライン授業を導入したい自治体からの要望にも応えられるようになった。道内が一段落すれば、東北など本州への進出も視野に入ってくる。

㈱ヒューマレッジ（木村塾、個別指導Ｈａｒｖｅｓｔ、東進衛星予備校）

『人間教育最優先』をモットーとする地域一番人気塾

◆『普通の子』『勉強の苦手な子』の成績向上にとことんこだわる不思議な進学塾

ヒューマレッジ木村塾梅田本社

㈱ヒューマレッジは、一九八六年創業。兵庫県尼崎市の塚口を拠点に、兵庫県尼崎市・伊丹市・西宮市などの阪神間、大阪府池田市・豊中市・吹田市に展開し、創業から三七年目を迎える。現在、社員一四五名で、小・中学生指導の「木村塾」が二四校、大学受験予備校の「東進衛星予備校」が十一校、個別指導の「Ｈａｒｖｅｓｔ（ハーベスト）」が二三校、私立中学受験の「ＳＥＥＤ（シード）」が三校で、全三四拠点・生徒数九四〇〇名を数える。現在は東進ハイスクール・東進衛星予備校を運営する株式会社ナガセのグループ会社となり、将来はヒューマレッジブランドの全国展開も視野に入れている。

創業三十周年の節目を迎えた翌年、拠点を兵庫県から大阪府へも広げ、さらに、二〇一八年には大阪梅田に本社を新設した。その後、創業者の木村吉宏（前代表・現相談役）は、還暦を過ぎたことを機に

弱冠二四歳で開塾した木村吉宏相談役

古川晃嗣新社長

その職を古川晃嗣新社長と交代した。ヒューマレッジは男女・年齢関係なくキャリアアップできる会社で、新社長も四五歳での大抜擢であった。

創業者の木村吉宏（現・相談役）は、自宅の二階を改築し、「絶対生徒を見捨てない塾ができました」をキャッチコピーに、「塾は勉強の場であると同時に人づくりの場」を理念に掲げ木村塾を開塾した。

そうした理念のもと塾を始めたこともあり、入塾してくる生徒たちは、学校からも見捨てられた子どもたちばかり。木村塾長（当時　以下同じ）は、そんな子どもたちと塾で一緒に食事をしたり、公園で遊んだりして少しずつ子どもたちの心をつかみながら勉強へと向かわせていった。そのうち、地域で「どんな子でも前向きに勉強するようになる塾」として評判となった。生徒数も着実に増えていったが、ある不可解なことが起きるようになった。成績が上がっている生徒が塾を辞めていくのだ。これは木村塾が「アホ塾」と呼ばれていたので、恥ずかしくて辞めていったのだという。

「どんな成績の子でも絶対に見捨てない塾」、これが裏目に出たのだ。学校で勉強ができないと言われている子たちがすがる思いで集まってくれた木村塾が『レベルの低い塾』であると地域の人たちに勘違いをされてしまったのである。

地域密着の塾であるがゆえに、一度マイナスイメージが定着していくと評判は落ちていく。木村塾長は塾存亡の危機に際して「特進コース」の開設を決意。「アホ塾」のマイナスイメージを払拭して高い合格実績の進学塾を目指すことにしたのだ。しかし、外から優秀な生徒を集めるのではなく、塾に在籍している生徒の中から特進コースへの転籍を募った。

名乗り出てきたのは八名の生徒たち。せいぜい偏差値五〇前後の子がほとんど。その彼らが木村塾長の指導で、揃って偏差値六五以上の志望校合格を目指して猛勉強を開始したのだ。

特進コースといっても、これまでと同様「木村塾らしさ」にこだわった。冗談も言いながら「明るく、楽しく」、大量の宿題を出しテストで縛って無理やり勉強させる、そんなことはしませんでした。大事にしたことはただ一つ……イヤイヤではなく何事も前向きにやる。つまり、彼らの「自立心」だった。

その木村塾長の徹底した姿勢と期待に応えて、彼ら八名の『騎士』たちは翌年見事に難関の志望校に全員合格を果たしたのだった。

これを機に、木村塾は地域で、「偏差値が低い生徒でも確実に成績向上する超優良な進学塾」として評判が定着し、合格実績の向上とともに生徒数も増えていき現在の強固な基盤作りが可能になった。

◆心が変われば成績は上がる

開塾当初からの三つの柱がある。一つ目は、「明るく楽しい塾であること」二つ目は、「できる子だけではなく、学力中下位の子をなんとかする塾であること」、そして三つ目は、「生徒の心の根っこを変えることで、人として成長し、その結果成績が上がる塾であること」だ。こうした塾風を現在まで守り続け、塾創設四年目から現在に至るまで地域（尼崎・伊丹地域）トップの合格実績を出し続けている。

また、入塾する生徒の八割が学力中間層だが、半

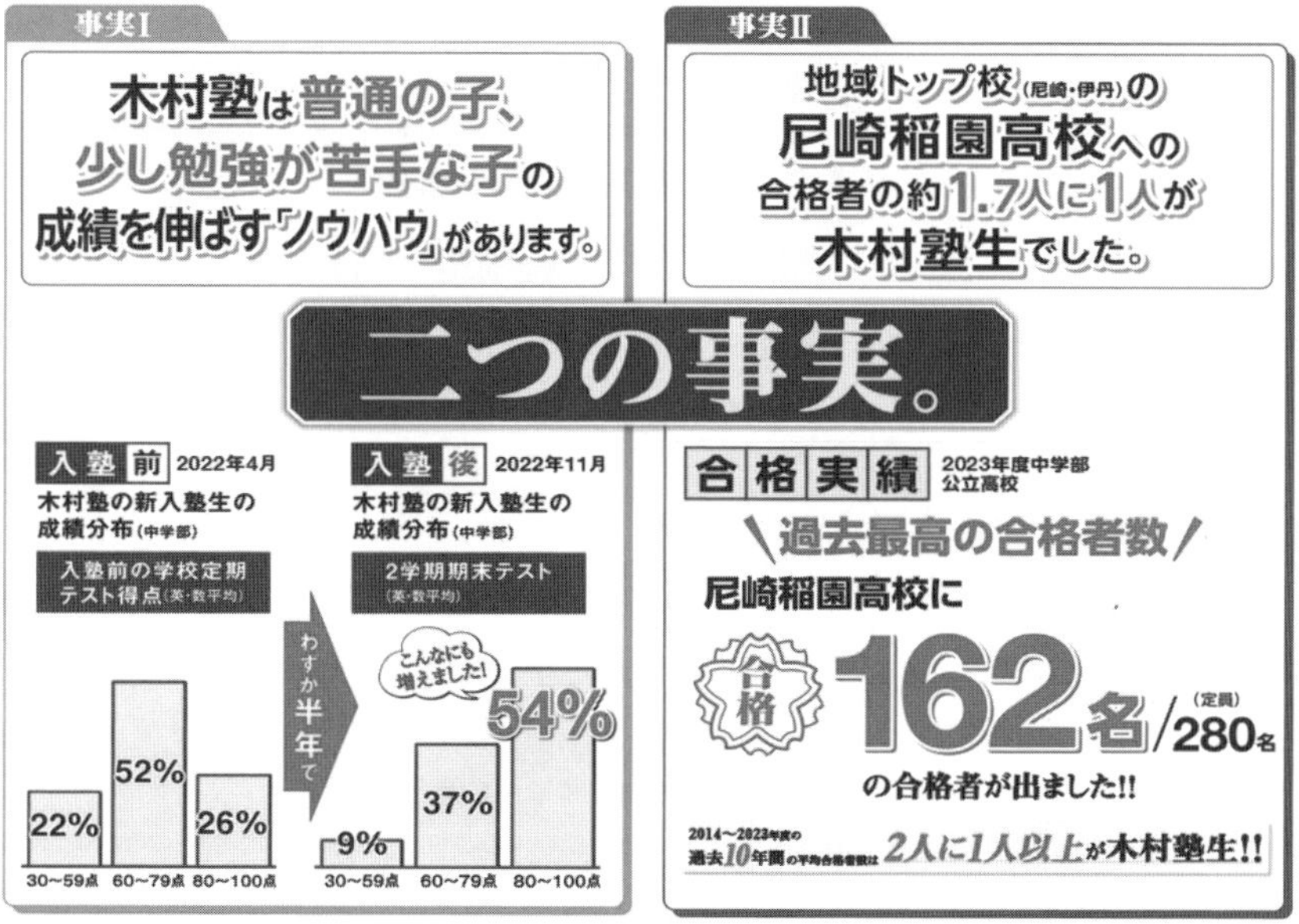

学力中間層・下位層を伸ばし、地元ではトップの合格実績を誇る。

年後には、その学力分布が真逆になることが大きな特長として挙げられる（上図参照）。このように一番のボリュームゾーンである中間層の生徒の成績を伸ばすことができるノウハウを培ってきたことで、その後も順調に拠点数も生徒数も増やしていった。そんな中、二〇〇九年に大きな転機が訪れた。それは木村塾のある校舎で起きた一つの「出来事」が発端となっていた。

その校舎の先生が学校の定期考査前に宿題をたくさん出そうしたが、生徒たちから「先生、鬼や！」と猛反発を食らったのだ。「何を言うんや！　テスト前やから君らの為を思って出してんねんで！」と言っても、生徒たちは耳を貸さなかったこの「出来事」をきっかけに大きな決断を下すことになる。

宿題も居残り補習も、そしてテストさえも、心からやる気のある生徒だけやってくる、つまり「志願制」にするという決断だった。やりたくない子は「やらない」を選択できることにもなるので、反対の意見もあったが、その後何度も会議を重ね、校舎長たちも「生徒が嫌々やっても効果はない。自ら『やる・

人生の勝利の方程式 七ヵ条

第一条　いつも明るく元気いっぱいの挨拶を自分からすること。

第二条　「しんどい」「ムリ」「ダルい」などの“マイナス発言”は、教室ではもちろん、自分一人のときも絶対に口に出さないこと。

第三条　全てのことに「お願いします」の気持ちで取り組むこと。

第四条　自分の能力・可能性に自分で“限界ライン”を引かないこと。自分は必ず成功すると心の底から思うこと。

第五条　「普通では無理」と思うような高い目標を期限付きで具体的に掲げ、地道な努力を決してやめずに続けること。

第六条　何かしてもらったときに「ありがとう」と言うことはもちろん、全てのことに対して常に感謝の心を持つこと。

第七条　他人を喜ばせる、幸せにすることが自分の幸せだと考えること。

木村塾流人生の勝利の方程式七か条

やらない』を決めてやることに意味がある」これこそが木村塾の教育だという結論に至った。

また、これを機に「木村塾の生徒たちを将来どんな人間に成長させるべきか」という根本の部分について、明文化した。それが「木村塾　人生の勝利の方程式七ヵ条」である。第一条から第五条は「自主・自立」「克己」について、第六条は「感謝」第七条は「利他」である。

「心が変われば、成績は上がる」このスローガンを実践するための指針として、七カ条をすべての教室に貼り出し、生徒も先生も共有できるようにした。

◆「生き方」としての「利他の心」が勉強の動機づけになる

とはいえ、この七カ条教育が最初からうまくいったわけではない。勉強の苦手な子が多く通う木村塾で『志願制』を実現することは思ったより難題だったが、ある日の会議で、一人の校舎長が生徒にこんな話をしてみてはどうか？　とこんな提案をした。

「このクラスの中には、勉強に苦戦している子も多いよね。クラブが忙しいことを勉強が手につかない理由にしてしまっていたり、テレビやゲームといった誘惑に負けてしまったり、『自分ってダメやな』って思っている子も多いと思う。そんな『自分はダメやな』と思っている子が一念発起して頑張っている姿を周りの子が見たらどう思うやろ?『自分も頑張れるもしれない』そんな元気や勇気をもらえる子がいるんとちゃうやろか?そんな周りの元気や勇気のために頑張るって素敵なことやと思うねんけど、みんなどう思う?」

　学校の定期考査に向けた勉強をし始めるころにこうした話をした上で、テストに向けた宿題の「やる・やらない」を生徒に選ばせました。それでもまだ、「やる」を選ぶ生徒は少数でした。

　そしてこの話をした一週間後に授業で実際「やる」を選んで頑張ってきた生徒に、みんなの前でインタビュー形式で話を聞いてみることにした。「この一週間、どんな風に頑張れた?工夫したことは何?」など他の生徒に参考になりそうなことを生徒の口から出てきた方が、我々先生が言うより効果があると考えたからです。

　狙いは的中。そのインタビューの話を聞いている生徒たちの目の色が少しずつ変わってくるのがわかったのです。そして最後にこんな質問をしてみま

優しく活力ある女性社員

バイタリティーと指導力に富む男性社員

した。「この一週間、頑張れた一番の要因は何かな？」そうすると、我々が予想しない答えがその生徒から返ってきたのです。

「先生が先週話してくれたけど、すぐにゲームの誘惑に負けるようなダメダメな自分が頑張ることで、そしてその姿をみんなの前で見せることで、このクラスのみんなが頑張ってくれるようになるんやったら、と思ったらめっちゃワクワクした。そんなことを思いながら勉強したのは初めてやったし、この一週間は勉強が楽しかった！」と。

普段は、少しヤンチャで、ともすると人の話を集中して聞けない生徒もいるクラスで、この時ばかりは全員がシーンとしてこの話を聞き入っていた。

こんな一人の勇気を振り絞った生徒の行動がクラスのみんなの心に火をつけることになったのだ。このインタビューの後、先週に引き続き定期考査前の宿題を出しましたが、約半数の生徒が「やる」を選んでくれ、「やる」方が多数派になったその次の週は、ほぼ全員が「やる」を選んでくれた。このような現象を木村塾では「オセロ理論」と呼ぶ。オセロゲームで、ある一定の枚数になると一気に形勢が逆転し白で埋め尽くされる、そうした「グループ・ダイナミクス」が巻き起こる様子のことである。

「誰かのために」と思って一念発起して頑張れることが、これまで「自分なんて…」と思っていた生徒にとっての「自己重要感」につながり、その子自身の大きな原動力になる。そして、最初は一人かもしれないが、自分が発信源になって周りを巻き込んでいく、そんな、「周りに良い影響を与えられる人になる」という思いをクラス全体が持ち、高めあう集団になる。こうした「利他」の気持ちに目覚めた生徒から、弱い自分を乗り越え、勇気を与えてくれた仲間や塾に来させてくれた親に感謝の心をもって自分から前向きに、勉強に邁進するのだ。

そして、その集大成として、毎年一月に「ビッグチェンジ大賞大表彰式」を行っている。前述したような、「オセロ理論」が巻き起こり、圧倒的な成果を上げたクラス・個人を大々的に表彰するのだ。受賞者と保護者合わせて三〇〇名がホールに会する「晴れの舞台」が、頑張った生徒たちの一層の自信にな

偏差値40台から難関大へ続々と合格。これが木村塾の「人間教育」の成果。

る。また、この表彰式が「自分もあの舞台に立ちたい！」と生徒が思うような目標の場となっている。

◆「塾で日本を、そして世界を変える」

古川晃嗣新社長は、最後に次のように語った。

『これまでの人生で、一度くらいは「何故、勉強しなければならないのか？」そんな疑問を持ったことが皆さんもあるでしょう。「日本はまだまだ学歴社会だから？」確かにそうした面はありますし、生徒にもそうした現実があることを敢えて伝えています。ただ、それは半分。あとの半分は「社会の役に立つ、人を幸せにするために勉強し、働き、そしてそこに生きることの意味がある」こうした「人生の勝利の方程式七カ条」の第七条「利他の心」を「勉強することの本来の意味」、そして社会に出てからの「生き方」として生徒に浸透させ、そうした想いが満杯になった人財を一人でも多く世の中に、輩出する。そのことで世の中がより良い方向に向かい、日本もそして世界も変わっていく。そんな人材育成をすることがヒューマレッジの使命なのです。』

Column1

「塾講師？予備校講師？」前編(後編はP.132)

鈴木悠介（プロフィールは後編のP.132に掲載）

◆塾講師と予備校講師の決定的な違いとは？

世間ではあまり区別されることが少ない「塾講師」と「予備校講師」の違いとは何でしょうか？

これについてはざっくりと、「高校生・高卒生を指導対象とした予備校（または大学受験塾）と業務委託契約を結ぶフリーランスが予備校講師、それ以外が塾講師」と認識しておくと便利です（タレントとしても活躍中の林修先生は塾講師ではなく予備校講師）。

指導対象は、予備校講師が原則として高校生以上なのに対し、塾講師は全学年（とりわけ小中学生）です。会社による模擬授業などの研修は、予備校講師が受けるケースは少ないですが、塾講師はしっかりと受けている、といった違いもあります。また授業中の格好も、契約的に予備校講師は自由ですが、塾講師はスーツ着用が原則です。

ところで塾講師には塾に社員として入社する以外に、「時間講師」などと呼ばれる非常勤講師として勤務する形式があります。いわゆるアルバイト講師で、大学生も活躍していますね。

大学生講師の中には、自分が高校生の時に受けた予備校講師の授業に影響を受け、同じような授業を塾で展開しようとする人もいますが、授業のあり方も「塾」と「予備校」では異なります。予備校で行われる授業は「講義」と呼ばれることも多いように、講師による一方通行の「語り」が特徴です。一方、塾の集団授業で求められるのは、生徒との双方向のやり取りです。その背景には教育的効果の追求があるのはもちろんですが、「一方通行の語り」を長時間聴くことの難しい小中学生が塾のメインターゲットであることに加え、学生講師が「語り」のみで生徒を惹きつけ続けることの難しさなども挙げられそうです。

Chapter 3

デジタル新時代を切り拓くコンテンツ

株式会社アバロンテクノロジーズ

作って動かしてみれば 自分の新たな可能性が見えてくる

◆デジタルを使った次世代の教育

株式会社アバロンテクノロジーズの代表取締役社長の鈴木昌博（すずき・まさひろ）氏は、創業以前と起業のきっかけについて次のように語る。

「私は製造業向けに製造や物流のサプライチェーンを管理するアプリケーションの開発を行うシステムエンジニア（SE）でした。SEが担当する開発プロジェクトは、案件毎にニーズや目的、手段、規模もそれぞれ違っていて、何一つとして同じものはありません。千差万別なプロジェクトを、顧客満足度を高めながら納期通りに完了するためには、注意して進めなければならない点が複数あります。そのような内容や、ソフトウェアやアルゴリズム、数学が持つ奥深さや便利さ、楽しさを若い人に伝えたいという想いがあり、二〇一一年に株式会社アバロンテクノロジーズを起業しました」

鈴木氏は、「デジタルを使った次世代の教育」の活動を始めたが、当時はまだSTEAM教育という言葉すらなかった。しかし、まさにそのSTEAM教育を

㈱アバロンテクノロジーズ
代表取締役
鈴木昌博氏

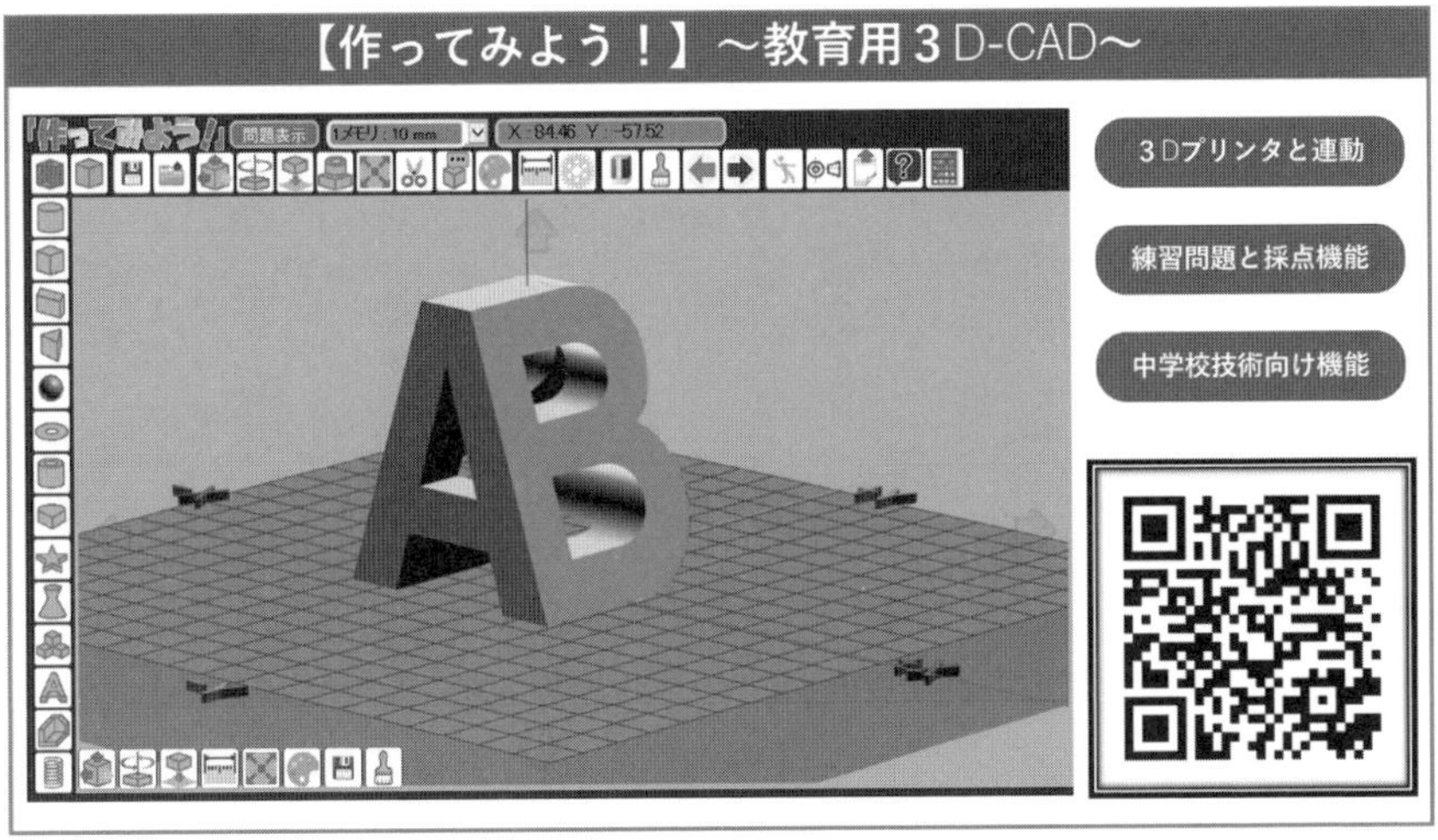

目指しての起業だったのだ。ちなみにSTEAMとは、Science（科学）、Technology（技術）、Engineering（工学）、Art（芸術）、Mathematics（数学）の頭文字を取った言葉で、これらの分野を総合的に学ぶことで、より豊かな発想力や問題解決能力、創造力を育むことができる教育を意味する。

当時の教育現場では、子どもたちが自らの想像力を駆使し、自分が作りたいものを白紙の状態から設計図を描き、試行錯誤を繰り返して形にしていくという「ものづくり」の経験が不足していると鈴木氏は感じていた。そこで、3D-CADと3Dプリンタを教育に活用できるよう工夫をし、3D技術を持つスペシャリストと開発を進めた。それが現在の「作ってみよう！」となっている。

◆教育用3D-CAD「作ってみよう！」

楽しみながら3Dスキルの基本概念が身につく教育ソフトウェアである「作ってみよう！」は、デジタルモノづくりを通してSTEAMを教える教材だ。教育用3D-CADとして自分のアイデアを3次元で設計でき、３Ｄプリンタと連動して作品を実体化し手に取ることができる。

「最近の３Ｄプリンタは昔よりスムーズに印刷できるようになったとは言え、まだまだ知識と工夫が必要です。少し言い方は変ですが、３Ｄプリンタは気軽に失敗ができるのです。失敗から気づきを得て、次はこうしてみようと工夫を施し試行錯誤していくことで、将来的に社会で生き抜く力を育むことができます」と鈴木氏は語る。

　３Ｄプリンティングは、将来的にますます重要な技術となることが予想されているが、そもそも３Ｄ‐ＣＡＤは製造業向けに特化されていて、習得が難しいツールだという。子どもたちが簡単に使えるものはなかなかない。また、それを教えてくれる人や環境も少ない状況だった。そこで、「作ってみよう！」は子どもでも直感的に使えるＵＩ「User Interface（ユーザーインターフェイス）」の略称）を提供し、練習問題や自動採点機能、間違っている場所を指摘してくれるガイド機能を実装した。

「練習問題は初級～中級～上級と段々レベルが上がっていきます。子どもたちにとっては、自分の得点が表示される事で、なんとか満点に近づきたい意欲を与え、練習問題の繰り返しで３Ｄプリント技術に関する知識やスキル（図形の形、大きさ、向きはＸＹＺ軸に基づいた数値とパラメータで表現すること、各図形との位置や大きさを把握し算出する能力）を身につけることができます」と鈴木氏は説明する
　３Ｄプリント技術は、自分のアイデアを具現化することができるため、特にクリエイティブな分野で活躍する人材に必要不可欠なスキルと言われている。将来ＡＩやロボットによって職業が減少する状況になっても、この技術や能力は不要になることはないのだ。また一方で、知的障害を持ち自分の気持ちを表出できない生徒が、作品を通じて自己表現する機会を与える事もできるということから特別支援学校からのニーズも高まっているという。

「作ってみよう！」はWindowsインストール版とクラウドサービス版の二種類を用意している。使用している環境やニーズに合わせて選択ができる。

https://avalontech.co.jp/toppage/concept/

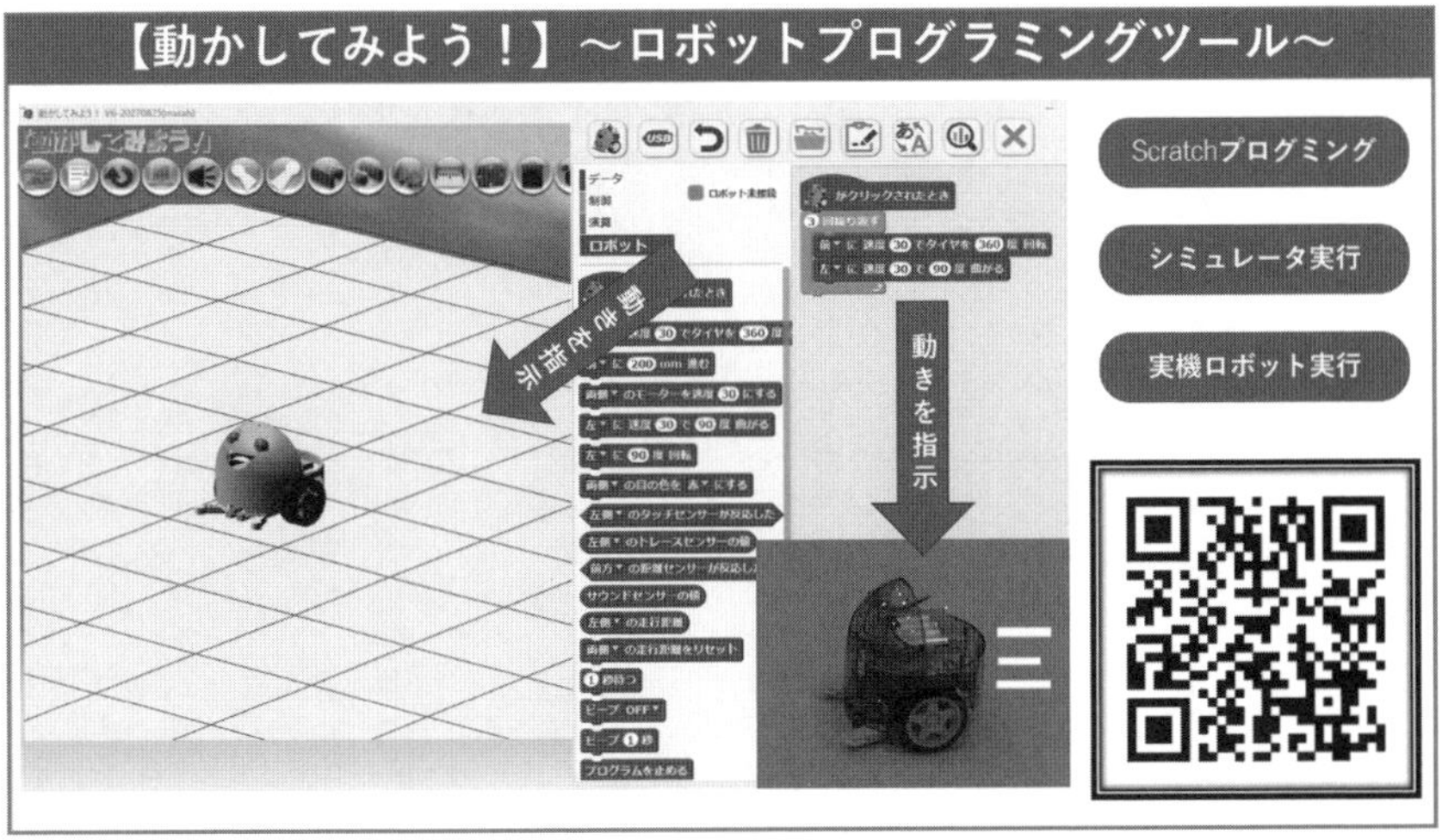

◆中学校技術向け「作ってみよう！板材作成機能」

二〇二三年春に同社は、中学校の技術・家庭科の技術分野「(A)材料と加工の技術」で利用可能な新たな機能をリリースしている。

「これは、簡単な操作で、木材などの切断・組立をシミュレーションすることができます。これによって、中学校の技術教育における等角図及び第三角法の学習を支援するとともに、手書きでの設計図作成や試作品の制作に要する時間とコストを削減することが可能となりました。また、学校現場では「(D)情報の技術」でのプログラミング教育も必要とされる中、より効率的かつ分かりやすい学習が実現できるようになりました」

https://avalontech.co.jp/toppage/concept/woodworking/

◆ロボットプログラミングツール「動かしてみよう！」

「動かしてみよう！」は、ロボットプログラミングを通じて、ＳＴＥＡＭ教育を提供する製品だ。第四次産業革命、人工知能、ＩｏＴ、ロボットなど先進的な技術に触れ、未来を担う子どもたちにプログラミング的思考力を育てることができる。

文部科学省は、二〇二〇年度より小学校・中学校・高校でのプログラミングや情報教育の必修化を進めている。

「小学校でのプログラミング能力とは、情報技術を効果的に活用しながら論理的・創造的に思考し、課題を発見・解決していく力のことです。この力は、情報技術に触れることや、コンピュータの働きを理解することで育まれます。コンピュータに自分が意図した働きをさせるために、論理的に考えてコンピュータに適切な命令を与える一連の活動を学ぶことで、プログラミング的思考力を身に付けることができます。そのためには、試行錯誤を繰り返しながら正解にたどり着く根気強さも必要です」と語る鈴木氏。

「動かしてみよう！」は、Scratchベースのビジュアル型プログラミング言語を採用し、ブロックの組み合わせで簡単にプログラムを作成することができる。コードの入力ミスによる不具合を発生させない。さらに、プログラミングの実行状況をＰＣまたはタブレット上の画面でシミュレーションすることができ、数人でのグループ教育時のロボットの取り合いを防ぐことができる。

「シミュレーションでの実行が上手くいった後に、実物のロボットにプログラムを転送して確認することができますので、全員分のロボットは不要になります。また、シミュレーションのステージ上には、建物や樹木、家、壁、トレース用の線などを自由に配置することができ、オリジナルの課題コースを作成することができます」

実物ロボットには、タッチセンサー・距離センサー・色センサー・音センサーが搭載されており、各センサーの反応をトリガーとして、左右のタイヤの回転を変化させたり、ＬＥＤの目を様々な色に光らせたり、ブザー音を出したりと多彩な表現方法を持っている。当然のことながら、これはシミュレータでも確認できるようになっている。

「動かしてみよう！」は、プログラミング的思考力を身に付けるためのツールだが、プログラミングは算数・数学と関連性が強いので、算数と関連する練習問題も多く準備している。ロボットプログラミングを通じた経験は、子どもたちが将来のキャリアに役立つだけでなく、自信を持って未来に向かって進んでいく力にもつながるはずだ。

https://avalontech.co.jp/toppage/m_concept/

◆高等学校情報科準拠「理解ちゃんと学ぶ情報Ⅰ」

「理解ちゃんと学ぶ情報Ⅰ」は、文部科学省が定める学習指導要領の高等学校「情報Ⅰ」及び教員研修用教材の学習内容に沿って、プログラミングとICTリテラシーを学習するオンライン教材として各方面から注目を集めている。

「現在二つのコースを用意しており、プログラミングにフォーカスした【Python コース】と、情報Ⅰをフルカバーして2024年度からスタートする大学入学共通テストの情報科目の対策ができる【共通テストコース】を用意しました」

従来のプログラミング教材とは異なり、プログラミング言語の使い方を学ぶだけでなく、問題解決に必要なアルゴリズムやモデル化・シミュレーションの理解と実践に注力した「問題解決のためのプログラミング」を学ぶことができるのである。

「学習内容は、プログラミングで四〇チャプター、情報Ｉで二二のチャプターに分かれており、まずそれぞれ五分から八分程度の短い動画を閲覧して学習ポイントを把握するマイクロラーニングを繰り返すものです。学習の案内は「理解ちゃん」という名前のキャラクターがしてくれます。理解ちゃんはロールプレイングゲームが大好きな女子高生で、学習者に少し高めの目線で話しかけながら、最終的には優しく丁寧に教えてくれます」

同社では、プログラミング言語で、人工知能の研究開発でスタンダード的な人気を誇るPythonを採用した。これは、大学入学共通テストで採用される疑似言語（ＤＮＣＬ）に文法が近似しているという理由もあるという。

「動画解説の後に関連する練習問題が出題されるので、学習者はプログラミングに関してはPythonで解答、共通テストコースでは選択式で解答します。その実行結果を自動採点でき、自分自身の学習進捗度（練習問題の達成度）をリアルタイムで確認することができます。コンテンツはプログラミング初心者から上級者まで、幅広く対応するように配慮しました。初心者には、基礎的なＩＴやプログラミングの知識・技術を習得できるように、わかりやすい説明や練習問題を準備、上級者向けにはより高度なアルゴリズムやシミュレーション技術について学ぶことができるような問題が用意されています。また、管理者（教員）は各生徒の学習進捗度を閲覧することもでき、進捗の遅い学習者へのケアに注力できます」

また、標準装備しているチャットツールを使用することで、複数の生徒と先生、または生徒同士で簡単にコミュニケーションを取ることができる。これにより、生徒同士での学習や質問、回答が円滑に行われ、アクティブラーニングとして学習効果を高めることができるのだ。

「理解ちゃんと学ぶ情報Ⅰ」は、クラウド型アプリケーションなので、インターネットに接続できるパソコンやタブレット・スマートフォンで学習ができ、時間や場所を選ばずに学習を進めることができる。また、自分自身のペースで学習を進められ、自分が理解・納得できるまで繰り返し学習することができる。さらに、練習問題のランダム出題機能によって、学習知識や技術を定期的に反復し確実に身につけることができるのだ。

「大学入試共通テストの『情報』科目では、プログラミングだけでなく、メディア・セキュリティ・情報デザイン・論理演算・データ分析等々の情報技術に関する広範な知識と、数学Ⅰ等の他教科の知識を組み合わせて問題解決する力が問われます。そのための練習問題を豊富に準備し、例えばＩＴパスポート試験の過去問題まで網羅するようにしています。

　また、今後の展開として、ＡＩや機械学習についてPythonを使用しながら学べる新しいコースをリリースする予定です」

https://avalontech.co.jp/toppage/jyouhou1/

◆次世代の学習者に向けた教育がここにある

　最後に鈴木氏に今後目指すものについて聞いた。

「私たちが開発しているＳＴＥＡＭを中心とした教材は、次世代の学習者に向けて、創造性とイノベーションを促進することを目的としています。私たちは、より多様な教育体験を提供し、学生たちに現実世界の問題に取り組む能力を身につけさせ、二一世紀のリーダーになるためのスキルを育成することに取り組んでいます。ＳＴＥＡＭ教育が世界中のすべての学生にとって価値ある経験となり、さまざまな文化やバックグラウンドを持つ学習者にも、自分自身のアイデアを自由に表現できる環境を提供することを目指して活動しています」

　ＡＩやロボットなど遠い未来のモノではなくなってきた。それを学び教育という仕事で自由自在に使いこなすことができる時代が到来している。子どもたちの未来に貢献する仕事がアバロンテクノロジーズにはある。

エムプランニング情報システム

システム化により業務の効率化を実現することで、本来の教育という仕事に集中できるようにする

◆学習塾管理システムＧｒｏｗ

(1) 概要

学習塾管理システムＧｒｏｗは、今年で一七年目になる学習塾に完全特化したウェブサービス。全国各地の学習塾との付き合いも一七年となり、その実績とノウハウを詰め込み、機能も大幅に拡大したため、現在では多くの運用方法を網羅し、学習塾の基幹システムとして全国各地の学習塾をはじめ、英会話、そろばん、水泳等のスクール向け管理システムとしても、活用が広がっている。同社のプロジェクトマネージャー南成美（みなみ・なるみ）氏は次のように語る。

「Ｇｒｏｗの特徴として、機能の網羅性もありますが、学習塾様独自の運用に合わせた開発カスタマイズが可能なことも、システムとして継続してご活用いただけている理由の一つかと思います。今ではスマートフォンアプリを活用した通知機能が大変ご好評いただけており、リアルタイムで入室状況や指導報告、成績も、簡単に手元のスマートフォンでご確認いただ

写真
南さん

けることから、手厚いサービスの塾であることが、他塾様との差別化としてもポイントとして挙げていただけております」

⑵Ｇｒｏｗで何ができるのか？

　Ｇｒｏｗには大きく分けて、八つの機能が備わっている。

1．生徒・指導者管理機能
2．授業スケジュール管理
3．成績管理
4．請求管理
5．コミュニケーション機能
6．指導報告書

grow_1080ﾃ・920

7．勤怠管理
8．予約機能

　生徒・指導者管理機能は、情報をシステムに一元化することで、教室内で紙のファイルでしか閲覧ができなかった情報を、システムにアクセスすることで、全体で共有することが可能となる。

「生徒の特記事項や、面談内容、電話でお話した内容も記録することができますため、保護者様からお問合せがあった際に、担当者同士で情報にすぐにアクセスすることができ、スムーズなご案内が可能となります。

　また、授業スケジュール管理では、個別授業、集団授業、自立学習型授業、さらに家庭教師向けのスケジュール管理機能が備わっております。指導者のスケジュールと、生徒のスケジュールを入力すると、システム側でマッチングを行い、自動でスケジューリングを行うことができます。教室側では、授業スケジュールを当日、週間、月間で見ることができ、アプリにて生徒、保護者、指導者それぞれの授業スケジュールを確認することができます。振替、欠席設定もできるため、リアルタイムでスケジュールをご確認いただけます」

さらに、講習会管理機能では、講習会の希望コマ数を入力することで、システム側で自動スケジューリングを行うことができる。今まで授業や、講習会のスケジューリングに多く時間がかかっていた塾から、「工数が大幅に削減できた」と大変好評という。このように、エムプランニング情報システムは、塾との付き合いはじめからずっと「現場第一主義」で開発と改善を繰り返しているから、塾の評価が高いのである。

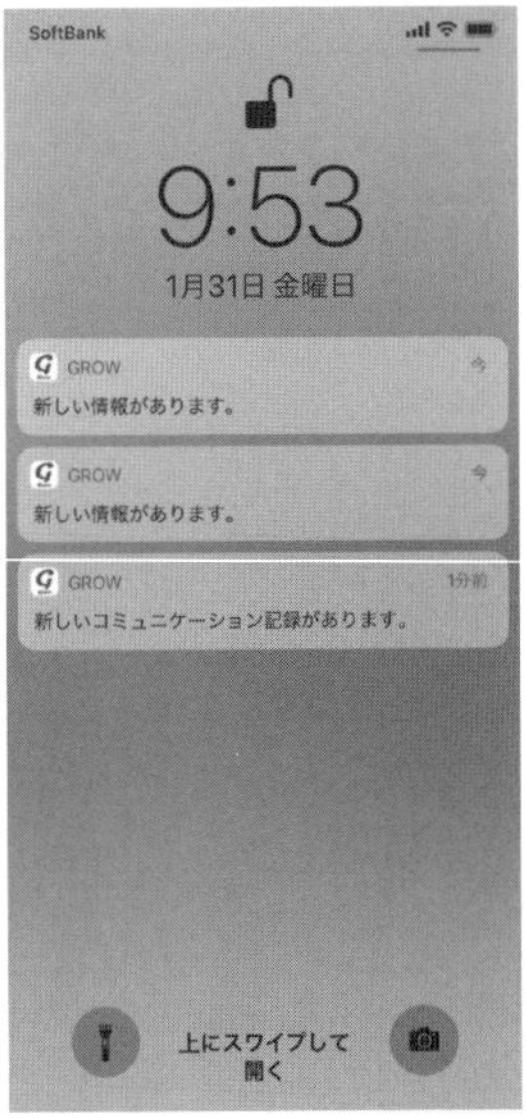

通知センター _キャプチャ

「成績管理機能は、塾側から生徒、保護者のアプリにリアルタイムに成績を公開することができる機能と、生徒がアプリに直接自身の成績を入力して塾と共有する機能、の二つがあります。成績公開機能は、全国模試等、一斉テストの成績を、速報としてアプリで送信できることから、得点をいち早くご案内することが可能になっております。アプリに成績を入力できることで、学校の定期テストや内申点の回収率を上げることができます。塾側での成績もＧｒｏｗアプリに入力いただくことで、面談時にアプリを見ながら、カリキュラムのご相談をしていただけます」と南氏は具体的な機能についてわかりやすく説明する。

塾の経理関係はアナログだと大変だが、ここでもエムプランニング情報システムの　Ｇｒｏｗは活躍している。

「請求管理機能は、毎月発生する月謝費用や、都度請求するテスト代、テキスト代等を、生徒ごとに登録ができ、保護者様のスマートフォンアプリにて明細をご確認いただける機能です。そのため、請求書の発行、郵送の業務が無くなり、大幅な工数の削減が可能となります。請求金額をご登録いただくことで、生徒別はもちろん、教室別、塾全体での売上見込み金額を可視化することができます。Ｇｒｏｗでは振込依頼書データ出力、口座振替データ、コンビニ払い用紙、クレジットカード決済も可能となっております。クレジットカード決済機能は直近でアップデートした機能で、保護者アプリから簡単にクレジットカードの登録が可能となり、未収金の回収の手間が無くなります。口座振替の講座登録につきましても、アプリから口座登録が可能となる機能が備わっているため、口座振替依頼書の手配が必要なくなります。（※クレジットカード、口座振替サービスをご利用いただくには、別途各サービス会社とのご契約が必要です）請求管理以外にも、指導者の給与集計も可能です。授業スケジュール機能と連動してご利用いただければ、授業のコマ数と、コマに紐づいた授業料を掛け算し、授業料、指導者の給与を自動で集計できる機能があります」

　経理関係だけでなく、他にも塾側の手間を最小限に減らす機能がある。

「コミュニケーション機能は、教室から生徒、保護者へ対しての一斉のお知らせ機能、教室と生徒、保護者との一対一の機能の2種類ございます。どちらともメッセージが届いたタイミングでアプリに通知が鳴るため、リアルタイムでのご連絡が可能です。一斉メール機能であると、通信会社のセキュリティの問題で迷惑メールとして認識されてしまうのですが、アプリであれば一〇〇％届けることが可能です。最近ではＬＩＮＥをご活用中の学習塾様も増えてきましたが、ＬＩＮＥであるとお知らせが埋もれてしまい、見落としがちであるというお話もあります。塾からの連絡はこのＧｒｏｗからだと統一していただくことで、認識率も上がっていきます」

　煩雑な塾の仕事を統一して一元化できる塾専用システムだからこその導入メリットがある。人間が見落としがちな事を逐一知らせてくれるのは本当に助かる機能である。

「指導報告書機能は、指導者のアプリから選択項目を入力するだけで、指導報告書が完成し、生徒、保護者のアプリで閲覧が可能となる機能です。指導者が入力してそのまま保護者アプリに表示されるのではなく、入力後は管理側で確認後、公開というフローをとっているため、不適切な報告内容の送信を防ぐことができます。指導報告書をデジタル化することで、紙の削減、教室内での指導内容の共有が可能となり、よりスムーズな指導を行うことができます」

　規制して公開するときに選択が可能だから、使う塾側としての安心感は高い。その信頼性はやはり現場主義の開発と改善を繰り返したからこその成果である。

「勤怠管理は、指導者、社員の日報をアプリから入力することで、交通費の集計や稼働時間を集計することができる機能です。複数教室を担当している教室長や講師の場合、交通費を別途提出する必要がありましたが、アプリで簡単に申請することが可能です」

　ご記入やチェックが厄介なタイムカードが不要で、即時入力で瞬時に確認できるアプリはとても便利であり、信頼性も高い。これも現場での活用から試行錯誤して生まれた成果である。

「予約機能は、授業予約、イベント予約、面談予約等、様々な予約機能が備わっております。生徒、保護者アプリのカレンダーで、空き枠と残席数を表示することができ、予約の受付、変更が可能となります。面談では希望日を申込用紙に書いて提出し、教室側でスケジュールを立てる、という工程も不要となり、アプリ側から空き枠に予約を入れていただくことで簡単に面談予定を組むことができます。イベント申込み機能では、検定やテストの申込みにも対応しており、申込み金額を設定することで、請求機能と連携することが可能です」

　こうして書いていくと、至れり尽せりで何の問題もないようだが、その開発においては大変な苦労があったようだ。

アプリ_メニュー画面

◆開発について

南氏は開発について次のように語る。

「前項で様々な機能についてご紹介して参りましたが、日々変化している学習塾様では、独自の運用にてデジタル化を推進したいご要望が少なくありません。Ｇｒｏｗでは前項でお伝えした機能を元にし、オリジナルの機能の開発も承っております。請求機能の集計方法のカスタマイズや、独自の成績帳票の出力、集計、サーバーの新規構築等の実績がございます。Ｇｒｏｗではセキュリティ対策に特に力を入れており、サーバーの二四時間監視はもちろんのこと、定期的なネットワーク診断を行うことで、外部からの攻撃から守る仕組みを構築しております。Ｇｒｏｗのデータは全て暗号化されているため、データは安全に保護されます。昨今では独自のスマートフォンアプリのロゴのご発注もご好評いただいております。ロゴを学習塾様オリジナルのロゴにすることで、学習塾のアプリであるというブランド力を出すことができます。（※別途開発費がかかります）」

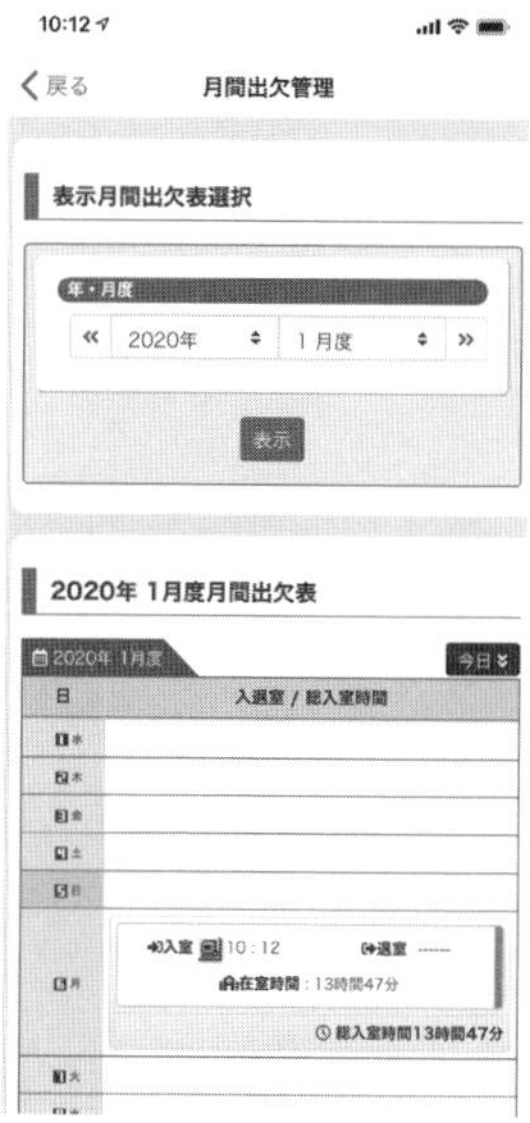

月間出欠管理_キャプチャ

個人情報保護法の観点から、生徒や保護者、そして講師の個人情報の管理には大変な神経を遣う。データ管理を一元化しつつ活用し、その安全性を高めていくのは並大抵の苦労では足りない。しかし、同社はそれをやり遂げてきた。そしてこれからの新しい若い力の加入とともにさらなる進化を遂げていく。

◆料金について

エムプランニング情報システムの商材について、営業して導入すると「とてもコスパが良い」と言われるという。これについて南氏は次のように語る。

「様々な機能を網羅しているＧｒｏｗですが、長年システムを稼働させていることから、お安くご提供させていただけております。基本料金は生徒1名につき二〇〇円とさせていただいておりますが、ご利用の機能、規模により御見積りさせていただいております。カスタマイズをご希望の場合は、都度ご相談させていただき、ご料金を提示させていただきます」

安くて質の高いものを自慢せず、謙虚に現場からの声を吸い上げて改善していく姿勢はすばらしい。

◆今後の展望について

今後の同社の展開について南氏は次のように語る。

「Ｇｒｏｗの今後の開発予定の機能として、大きなものが『データ分析機能』です。Ｇｒｏｗをご活用いただくことで、様々なデータがＧｒｏｗに集まってまいります。

そのデータを可視化することができるのが、データ分析機能です。例えば、教室別の生徒数の推移を前年度対比で確認ができたり、当月にお問合せが何件来て、何件成約になったのか、という数字を可視化することができます。今までの機能はどちらかというと業務効率化、デジタル化を意識した機能が充実しておりましたが、今後は学習塾の経営に役立つような攻めの機能の開発を計画しております」

すでにシステムは塾にとって必要不可欠なものとなっている。新型コロナ感染対策でリモート授業や映像授業の配信の必要に迫られたことで、塾業界での教育ＩＣＴは数年進化が早まったとまで言われており、今後も同社のような存在は大事だ。そこで働く人材も教育に貢献できるやり甲斐を感じつつ楽しい仕事ができるはずだ。

◆セキュリティについて

学習塾を運営する際に特に重要視されているのが、個人情報等の学習塾の機密情報を守るセキュリティ対策です。インターネットやＩＴツールを使わない学習塾はほとんどいない中で、対策がそこまで徹底されていないとのお声をうかがいます。不正アクセスや情報の流出が起きてしまうと、重要な情報資産が失われるばかりか信用さえも失ってしまう可能性があります。マルウェアの感染やシステムや社内

ネットワークへの不正アクセス、情報漏えいなどの脅威から、ネットワークやシステムを守るために、しっかりとした運用体制の構築、ツール選定が必要になります。Ｇｒｏｗではネットワーク診断、システムの穴を診断する、いわゆる脆弱性診断を定期的に実施しております。システムといえども人の手で作成しているため穴を一〇〇％塞ぐことは大変難しいことですが、この診断を行うことで、人の手では見つけられなかったシステムの脆弱部分を明らかにし、その対策を講じることができます。Ｇｒｏｗのサーバーは利用者数が世界一の Amazon Web Service を導入しており、二四時間体制のシステム監視と、外部侵入ブロック、通知をリアルタイムで実施しておりますため、安心してお使いいただけるシステムであります。システムを導入する際には、セキュリティ対策がしっかりなされているかは、選定理由の一つとして考慮する必要があると考えております。

ソリューションゲート

コンテンツ作りから教育へのAI活用まで
幅広くデジタル商材を開発提供可能な会社

◆コンテンツ作りには絶対の自信あり

ソリューションゲートは、二〇〇四年一二月に創業した教育コンテンツの企画・開発・販売をする会社だ。最新のテクノロジーを教育現場で活用することに取り組み続けていることに特徴がある。塾の教室にプロジェクタやPCが無いころから講師が授業で使うツールとしての教材を開発し、その後もタブレットで学習できる教材や、ロボット先生、さらに最新の技術であるチャットGPTの教育への利用にも取り組み始めている。

また、動画コンテンツの開発依頼も多く、幼児の知育教育、小学受験、中学受験、通信制高校向け、医学部予備校向け、プログラミング教育、SPI対策などの制作実績があり、自社用のコンテンツも含めると一万五〇〇〇本以上を作ってきた。コンテンツ作りにはかなりこだわりを持ち、一度お付き合いが始まると、継続していただけるお客様が多いという。

ソリューションゲートの鈴木博文（すずき・ひろふみ）代表に話を聞いた。

鈴木博文氏とユニボ先生

◆小学校で注目を浴び始めた「ユニボ先生」

Q：最近はロボット先生に力を入れていますが、なぜ新しい技術を教育に活用したいですか？

A：いつも単純に面白そうだからということが最初の動機としてあります。そのルーツは、大学生の頃に遡ります。部品がむき出しになったワンボードマイコンに興味を持つ人が増え始めた頃で、アメリカのコモドール会社が未来的なデザインの一体型のPCを発売しました。教育学部に在籍していたので、すぐに購入して、教育への利用をテーマに研究を始めました。おそらく学内では教授も含めて私が最初に購入したはずなので、パソコンを教育に利用するという分野では、日本でもかなり早く取り組んでいたはずです。それ以来、教育に使えそうな新しい技術が登場するとそれに夢中になりました。

Q：「ユニボ先生」の現在の状況はいかがですか？

Q：二〇二一年の後半から、ご縁があって、広島県の公立の小学校とつながり、一年以上実証実験をしながら改良中です。広島県はベンチャーを支援する取り組みが大変充実していて、社会の課題解決に関する二つの公募がありました。この両方に応募し、広島県の支援を受けていろいろ取組んでいます。

A：どのような場面で使われているのですか？

Q：広島県では、三次市と福山市で実証実験を続けています。三次市では、一人の先生が同時に二学年を教える複式学級というスタイルで授業をしています。同時に二学年分の内容を話すことはできないので、どうしても片方の学年は間接指導、つまり自習になってしまいます。この間接指導を、ユニボ先生によって、直接指導に変えようという取り組みで、大変うまく進んでいます。また、特別支援学級でも使っていただいています。福山市は、フリースクールと、イエナプラン教育で全国に知られていますが、その両方で実証実験を行っています。沖縄でも実証実験やイベント参加を中心に営業活動中で、特別支援教室や図書館での利用に興味を持っていただいています。

人の先生では対応が難しい子どもに効果を発揮

Q：当初、個別指導塾向けに開発したと聞きました

ユニボ先生との学習で教え合う生徒

が。

A：小学校への営業が多くなったのには、きっかけがありました。NHKの番組で、ある学童クラブが取材されたのですが、その時、先生が勉強をやろうと言っても絶対やろうとしない女の子が、ユニボ先生だと楽しそうに勉強をしてくれるという場面がありました。前からなんとなく気が付いてはいたのですが、人の先生ではうまくいかない子どもたちとの相性の良さを強く感じたのです。これをヒントに、特別支援学級やフリースクール、複式学級など、先生の負担が大きい教育現場で活用していただくことを考えたわけです。

Q：発達障害の子どもたちと相性がいいのですか？

A：発達障害の子どもすべてと相性がいいかどうかはわかりませんが、ユニボ先生と相性がいい子供がいることは確認されています。発達障害の子どもの中には、急な状況の変化や、処理しきれない量の情報、表情や身振りなどの非言語的なコミュニケーションに敏感な子どもがいます。現時点のロボットは、流ちょうに話すことも、豊かな表情を持つわけではないので、子どもと接する時の情報がとてもシンプルで、ちょうど良いのかもしれません。また、子どもが同じ事を繰り返しても、それに対して穏やかな状態で対応することができます。

Ｑ：実証実験が多いようですが、導入事例についてはどのような状況ですか？

Ａ：ロボット先生は全く新しい試みなので、焦らずに実証実験と改善を繰り返していくことが大切だと思っていますが、今年は導入事例を増やしていけそうです。たとえば、代理店として古河産業様に加わっていただけたのですが、その営業先の一つであった宮城県加美町で大きな動きがありました。内閣府のデジタル田園都市国家構想交付金に〈教育ロボット導入による「魅力ある教育環境づくり」実証事業〉というテーマで応募していただき、今年の三月に採択されたのです。この本が出版される頃には一二～一五台程度のユニボ先生が加美町で稼働を始める予定です。京都府のある小学校でも六月から二台が稼働します。

◆チャットGPTの取り組みを開始

Ｑ：特集は、チャットＧＰＴについてでしたが、ユニボ先生との連動を考えていますか？

Ａ：チャットＧＰＴは、私から見ると夢のような技術です。コミュニケーションロボットに取り組んでいる企業は、どこもこれを利用しようとして動き始めているはずです。当然ユニボ先生についても実装の検討を始めています。ただし相手が発達段階にある子どもなので、慎重に進めないといけないと思っています。特集でも書きましたが、初めのうちは先生や大人の元で使うことをイメージしています。先生のパートナーとしてユニボ先生が一緒に授業を進めるのが面白いと思います。

Ｑ：ここ数年は、面白い展開になりそうですね。

Ａ：はい、ワクワクする数年間になると思います。チャットＧＰＴについてご興味を持った方は、お気軽にお声がけください。現場の事をお話しいただければ、何かお役に立てるかもしれません。

◆動画コンテンツ制作へのこだわり

Q：ユニボ先生は、今後大きな可能性がありそうですが、現状のビジネスの柱はコンテンツ制作ですよね？

A：はい、残念ながら売り上げと言う面では、ユニボ先生は太い柱になっていません。会社を支えているのは、二〇年間続けているコンテンツ制作です。とはいっても、積極的にコンテンツ制作の営業をしているわけではありません。たぶん、営業をして頂いたコンテンツ制作のお仕事は一つも無いかもしれません。これまでのお付き合いを通して、「こういうものができないか？」というご相談を頂き、サンプルを作ってやり取りをしているうちになんとなく正式受注になるというお仕事ばかりでした。

Q：そのやり方でよく二〇年続いていますね。

A：有難いことだと思います。どんどん仕事を取ることにはあまり興味が無いのです。仕事が増えると納得できない仕事も出てくると思うのです。納得できないのは、出来上がったコンテンツの質のことです。私も含め、スタッフは制作者と言うより、クリエーター気質なので、自分たちが良いものができたと思えないものが世に出ることに抵抗があるのです。

最近、動画制作でとてもいい仕事をさせていただきました。お客様と一緒に作り上げたという実感のある仕事でした。自信を持って良いコンテンツができたと言えるので、多くの方に使っていただきたく、営業のお手伝いもしています。幸いにも、だんだんといいものを一緒に作りたいという思いを持った方との出会いが増えてきましたので、今のまま丁寧な仕事を続けられればいいと思っています。

◆動画制作を始める前に考えたいこと

Q：これからコンテンツを作ろうとしている方になにかアドバイスはありますか？

A：講師が授業をするスタイルの場合は、きちんとした報酬を講師に払うことだと思います。講師そのものが出来上がりの品質を決めるんですから。ネットに上がっている動画コンテンツを見ると、これはすごいなと思うものがある一方で、変な表現ですが、

ユニボ先生＋かるたで知育教育

愛情が足りないと感じることがあります。

Q：それはどういう意味ですか？

A：画面を通して見てくれている子どもが、自分が言った一言一言をどう受け止めていて、話した内容が本当に伝わっているのだろうかと考えているように見えない事があるのです。とても流暢に、しかもわかりやすく説明してくれる講師はたくさんいますが、テクニックを見せつけられているように感じてしまいます。正直な所、勢いで授業をやるスタイルは、あまり好きではありません。最近はこういう動画が増えてきていますが、またか、と思ってしまいます。このパターンではなく、すごく上手な先生もいます。自分が話した一言に対して、こう思う人もいるだろうと考えて、ちゃんとそれをフォローするのです。素晴らしいことだと思います。

Q：動画の講師に何かアドバイスがありますか？

A：とても簡単なことで、「自分の話していることは、相手に伝わっていないかもしれない」という気持ちを持ち続けることだと思います。常に自省しているというか。自分を振り返ることが無いと、それ以上

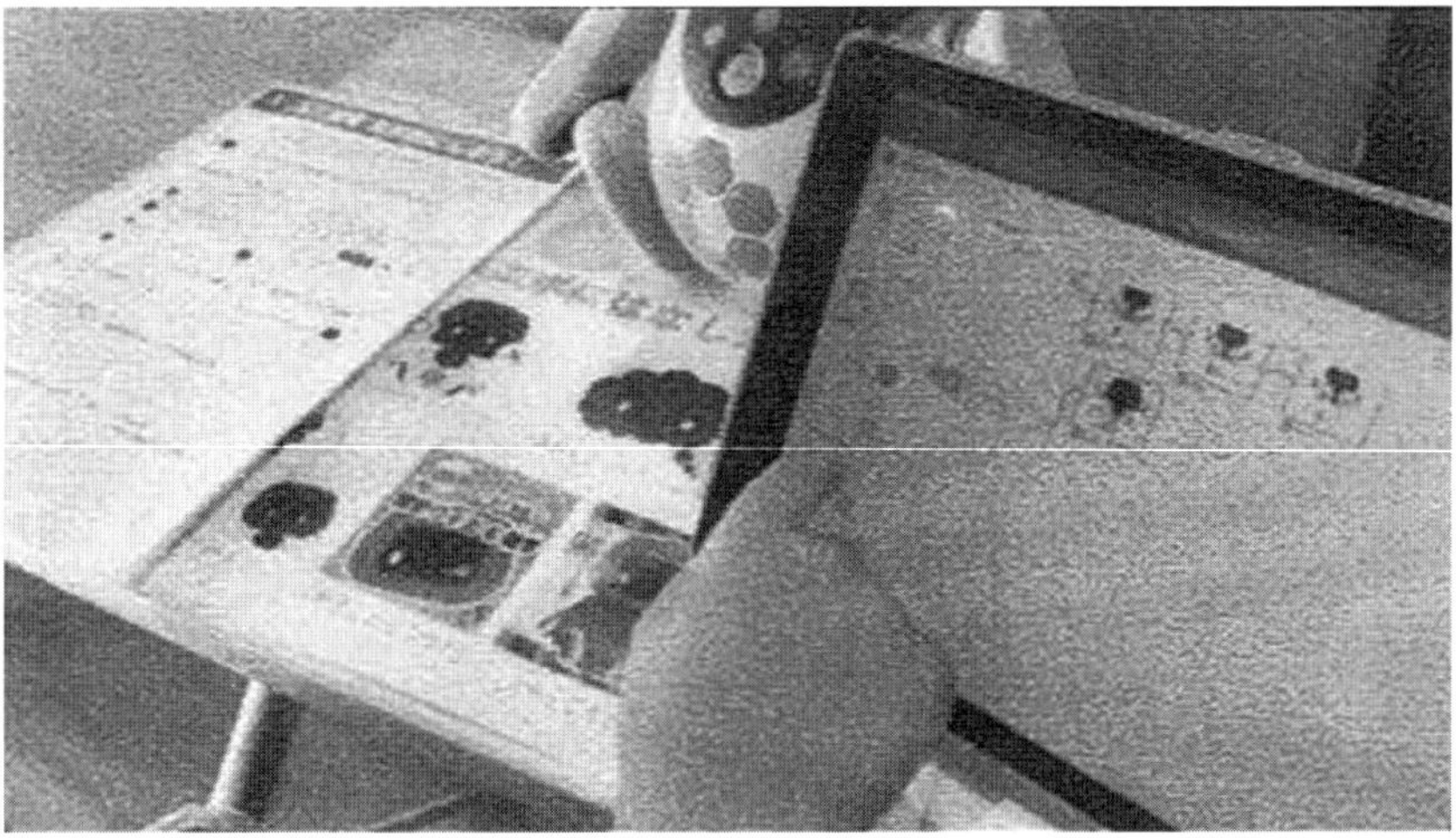

ユニボでプログラミング学習

は伸びないと思うのです。塾業界ではないですが、海外の講師も含め、講師教育を20年間やってきた経験から、こう言ってしまっていいと思います。

◆ソリューションゲートのコンテンツ制作の特長

Q：動画の制作会社としての何か特徴がありますか？

A：私自身は、自分の会社を動画制作会社と思っていない部分があります。それは、シナリオを渡されて、これを動画化して下さい、という依頼が少ないこともあるかもしれません。ここ数年は特にそうなのですが、何かのコンテンツの相談があった場合、お話ししているうちに、カリキュラムの提案から、コンテンツのスタイルの提案、内容の執筆、制作まで一貫して依頼されるケースが多くなっています。

Q：その場合、専門外だと受けられないのでは？

A：いえ、そんなことはありません。もともと、何が専門かと聞かれると、これですというものは持っていません。たとえば、ここ数年、国土交通省関係の教育コンテンツを多く作っています。外国人向けに建設のお仕事を紹介するセミナーの講師も依頼され、四月から担当しています。

Ｑ：専門外の仕事でも受けられるのはなぜですか？

Ａ：よく聞かれるのですが、そんなに難しい事ではありません。まず、依頼を受けた分野を徹底的に分析するところから始めるんです。葛飾北斎の作品に関する五分くらいのコンテンツを作ったときには、文献も含めて一〇〇冊近い本を読みました。中学受験理科のコンテンツをゼロから作ったこともあります。「リピートマイスター理科」という教材です。これで学習してもらえば、理科については難関校でも合格できるという自信作です。模試では三〇点くらいしか取れなかった女の子が、受験直前一ヵ月の学習に使い、自己採点八〇点を取れて合格できたというご報告も頂きました。今年この教材を使って第一志望の鷗友学園に合格したお子様のお母様から頂いたメールには、塾の宿題とリピートマイスターだけをやり、常に偏差値六五以上で、一番良かったときには七〇を越え、校舎最高位もあったそうです。

　この教材を作るときも、徹底的な分析から始めました。一八〇校の入試問題を一問ずつ分析し、取り上げられている題材も含めて整理・分類してから一三〇〇問を抽出し、これを改題し、すべての問題にイラストや写真なども含めて詳しい解説をつけました。化学や電気などは実際に実験し、天体は望遠鏡で観測し、地学分野はいろいろな場所に行って地層や地形の写真を撮ることもやりました。作りながらその分野の専門知識を身につけて行くというやり方です。ネットを調べた情報で教材ができてしまう時代ですが、経験をともなわない内容は、説得力と言うか、何か力が足りない気がしてしまうのです。リピートマイスターはソフトウェアの都合上、今はほぼ封印した状態ですが、一三〇〇問の題材があるので、なにかの方法で活かすことを考えたいと思っています。ご興味がある方はお声がけください。

Ａ：こだわりが強いですね。

Ｑ：こだわりは強いかもしれませんが、決して面倒くさい会社でありません。誠実に仕事をさせていただくことを心掛けておりますので、一緒に良いものを作り上げたいという方は、お気軽にご相談ください。よろしくお願いいたします。

Column2

「AIコーチングとは?」

大量のデータで「ディープラーニング」しても、導き出された結果の根拠が今ひとつ明白ではない「ブラックボックス化」されたAIではなく、判断や分析結果がわかり、その説明が可能なAI、いわゆる「ホワイトボックス型AI」が教育業界にも普及しようとしている。難関の私立中高大や医学部などの進路指導や合格までの学習スケジュールなどを効率的な示す「AIコーチング」が活用されはじめており、かつては「AIっぽくプログラミング」された自称AIが多かったが、「ホワイトボックス型AI」は、人と協調し、意思決定の高度化という大事な役割を担うことができる。

「学習機能」も付いており、二度と同じレベルでの判断はしない。使うほどにより高度な目標へのアクセスが可能なのである。つまり、熟練の指導者の経験によって培われた判断センスを学習してモデル化し、それを再現することで、回数を重ねることで、意思決定の質を高め、より最適な対処につなげることができるのだ。

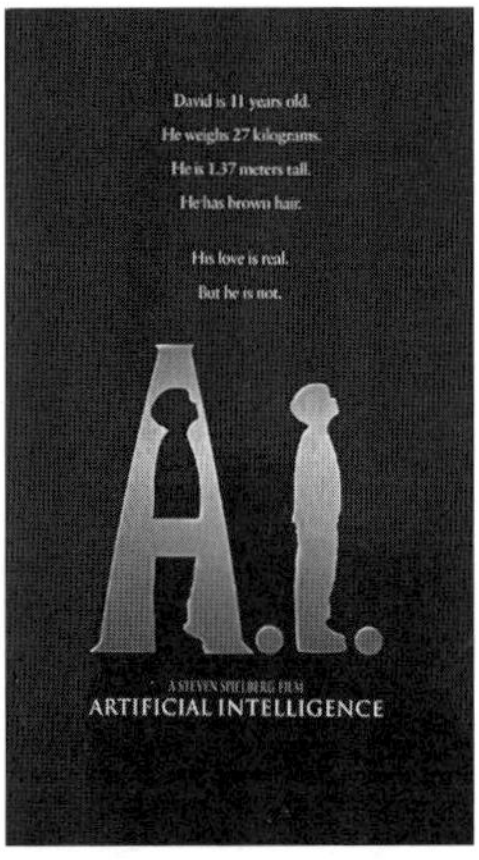

「A.I.」2001年アメリカのワーナーブラザース制作のSF映画。AIは(Artificial Intelligence)の略で、「人工知能」として使われる。

現状、ホワイトボックス型AIが結論を出すためにどのような思考をしたのかを理解することは難しいようだが、少なくとも、人の仕事を支援するにとどまらない、自ら学び判断し、その内容を示すことができる、文字通りのAIが新たなコーチとして学習塾業界で活躍してくれる見込みが大きいとは言えるようだ。これが実現されれば、人は人にしかできない仕事に集中することができる。

なお、この内容については鈴木博文氏の特集頁にさらに詳細な解説が出ているので、ぜひご覧いただきたい。

Chapter 4

家庭教師派遣業界

家庭教師派遣会社のトップ座談会

子どもの心に寄り添える一対一の指導

家庭教師派遣会社。それは、学習塾とは違った個別指導で学力と自学自習の習慣を定着させるなど、子どもたちの成長に大きく貢献している企業だ。中には家庭教師を派遣するだけでなく、学習教材を独自に開発・提供して実績を大きく伸ばす会社がある。その代表取締役三名が対談のために一堂に会した。㈱イー・ピー・エルの綱島俊一会長、㈱マイタイムの久保樹生社長、㈱デスクスタイルの吉田友則社長、㈱第一出版の浅田正行社長だ。そして、綱島会長を聞き手に久保社長、吉田社長、浅田社長に各社の特色や理念などを語ってもらった。

左から、㈱第一出版の浅田正行社長、㈱イー・ピー・エルの綱島俊一会長、㈱マイタイムの久保樹生社長、㈱デスクスタイルの吉田友則社長

◆一人ひとりにあった学習法を

綱島　家庭教師派遣会社として、最も大切にしていることは何でしょうか？

久保　弊社が対象にしているのは、勉強が苦手な小学生や中学生です。こうしたお子さんは勉強の習慣が身についていないため、基礎学力が不足しています。一人ひとりを成長させるための学習法をどれだけ提案できるかを大切にしています。

　ある有名なスポーズシューズのメーカーではＡＩを駆使して、ユーザーの足型にぴったり合った靴をつくるそうです。足型は千差万別です。それと同じように弊社では、個性や長所の違うお子さんたちとじっくり話し合い、どのような学習法なら、家庭教師が来ない時でも自分の力で勉強でき、効率よく学力を伸ばせるかを考えながら教育サービスを提供しています。その結果として、多くの保護者の方々から「安心して任せられる」という厚い信頼をいただけるように努めています。

吉田　久保社長がおっしゃったように弊社もお子さん一人ひとりに合った学習法の提案を大切にしています。家庭教師の特色は一対一の指導です。これなら、お子さんの学年に関係なく、一人ひとりの学習到達度を見極めつつ、理解できていない箇所に戻りながら指導できます。学習塾と家庭教師の大きな違いはここにあります。

久保　また、家庭教師がお子さんのお宅に伺うため、保護者の方々が通塾の送り迎えをする必要がないこともメリットです。この強みも弊社は最大限に活かしています。

浅田　私たちが家庭教師をお子さんのお宅に派遣する頻度は、週一回から週二回程度です。つまり、家庭教師が来ない日が圧倒的に多いわけです。久保社長がおっしゃったように、こうした日に、お子さんにどのようにして自学自習をさせるかが大きな課題だと思います。そのために弊社も学習教材を提供して自分で勉強できるようにしています。正しい学習習慣が定着してこそ、学力が伸びていくからです。

　そこで弊社では、個別対応に合わせて、お子さんが自主的に勉強する習慣をつけられるよう、家庭教師の指導力を高めるともに、学習教材の質を高めてテストの点数がアップするといった目に見える成果を出すことを大切にしています。

◆上位層の生徒対象のコースも!?

綱島　家庭教師派遣会社は、これからどうあるべきだと思いますか?

久保　新しいことに常に目を向けて、学習塾を始めとする他の民間教育会社が手掛けていないことに積極的に取り組んでいくべきだと思います。そのために、弊社は保護者の方々やお子さんの声に耳を傾け、気持ちを理解して、抱えている問題を解決できる学習法を提案し続けていきたいと考えています。

問題のひとつに、お子さんがわからないことを周囲がそのままにすることで、ストレスを抱えて学ぶ意欲を失ってしまうことがあります。そうすると、お子さんが学習塾に通っていても、塾の授業を受ければ受けるほど勉強が嫌いになってしまいがちです。

弊社は、そんなお子さんに対して、わからない箇所を溜めずに少しずつ理解させる学習法を提供することで問題を解決するようにしています。そこで、浅田社長のお話にあったように、家庭教師が来ない時に机に向かわせる習慣を定着させるためのシステムやサービス、商品を提供しています。そして、保護者の方々やお子さんたちにどれくらい満足していただけたか、その反応を見ながら、これらの改善を重ねています。

吉田　最近、日本の所得問題が高頻度で報道されるようになりました。給与が三〇年前と比較しても、ほぼ上がっていないという問題です。家庭教師の時給にも同じことがいえます。

家庭教師の時給が低ければ、会社としては助かります。しかし、時給がアップしないのは、もとはといえば、家庭教師が指導するお子さん一人あたりの単価が上がっていないことが原因です。単価がこのまま上がらないのであれば、年々利益は減ってしまいます。こうした課題を克服するため医学部や薬学部など上位層のお子さんを対象にするコースを設定することも考えられます。お子さんを医学部や薬学部に入れるためなら、家庭教師に高額な時給を払ってもよいというご家庭は今後増えていくでしょう。

◆自社の教材があるという強み

吉田　また、私たちは、家庭教師を派遣するとともに、家庭学習のための教材を提供するスタイルを導入しています。教材の収益でも会社が運営できるビジネスモデルであるだけに、一般的な家庭教師派遣会社よりも強みがあると思います。さらに私たちの場合、家庭教師は会社が用意した教材のカリキュラムに沿ってお子さんたちを教えています。ですから、家庭教師に卓越した学力や指導力を求めずに済みます。学習教材が家庭教師を強力にサポートしてくれるからです。これらの強みをますます活かすべきでしょう。

　そこで、弊社は家庭教師に対して学力や指導力以上にコミュニケーション能力を求めています。コミュニケーションを上手に図れる家庭教師でないと、勉強が苦手なお子さんのやる気を引き出せません。

　これからも家庭教師のコミュニケーション能力を研修などでさらに鍛えていくとともに、久保社長がおっしゃったように、教材のクォリティーをどこまでも高めていきたいと考えています。

浅田　私が会社を創設した頃は、家庭教師のアルバイトの時給が他のそれと較べてはるかに高額で一五〇〇円が相場でした。ですから、難関大学に合格したらすぐに家庭教師のアルバイトを始めようとする学生が数多くいたのです。しかし、本来なら現在の家庭教師の時給が二七〇〇円から二八〇〇円ほどに上がっていてもよいはずなのですが、吉田社長のお話にあったように当時と変わっていません。

　その一方で「教えるのが好きだから」「子どもたちの笑顔にふれたいから」という理由から家庭教師のアルバイトをしたいと願う学生も増えています。こうした学生こそ、私たちが求める家庭教師です。子どもたちから慕われ、可能性を引き出せるからです。どうすれば数多くの理想的な家庭教師を集められるか、これから私たちは考えていくべきだと思います。

◆子どもが学び直せる機会を

綱島　こだわっている点を教えてください。

㈱マイタイムの久保樹生社長

吉田　一対一のきめ細かな指導です。一人ひとりの心に寄り添える指導が、今後ますます教育において重要視されてくると思います。

かつて、ゆとり教育で授業時間数と学習内容が大幅に削減されました。一方、ここ一〇年間で授業時間数が増えないまま、学習内容は増え続けています。この弊害が今、公教育の現場で出始めています。学校の先生方が授業で教えきれず、その分をカバーしようとして宿題を多く出すため、勉強が苦手なお子さんがますます授業についていけなくなっているのです。小中学生が自宅に持って帰る宿題の量は膨大です。授業についていけないお子さんが宿題をこなしたところで、その前段階の基礎が掴めていない限り、学力は伸びません。しかも、量が多いために宿題をこなすのが手一杯で、基礎から勉強し直す時間がないという悪循環に陥ってしまいがちです。

この問題を解決できるのが、家庭教師による一対一の指導です。宿題に手をつける前に家庭教師が、遅れていた範囲まで戻って学び直す機会をつくれるからです。これは塾にはできないことだと自負しています。このように塾とは違う価値をつくり出せば、月謝やサービスの価格を多少上げても保護者の方々に満足していただけると思います。

◆自信と笑顔を取り戻せるように

久保　正しい家庭学習の習慣が身につかない限り、お子さんの成績は上がらないと弊社では考えています。そこで、弊社は一人ひとりに合った予習復習の仕方や問題の解き方など自学自習のための学習法を身につけさせるシステムづくりにこだわっています。

この学習法を体得させるために重要視しているのは、お子さんを褒めて自己肯定感を高めてあげることです。勉強が苦手なお子さんのほとんどは、保護者の方々や先生方から叱られることが多く、自信を失いかけています。そこで弊社の家庭教師は、お子さんが理解できたり問題が解けたりするたびに「がんばったね」「よくやったね」「その調子だ！」と声をかけてあげます。

このようにお子さんが自信と笑顔を取り戻し、自分の力で未来を切り拓いていけるようにするのが弊社の家庭教師の役割です。お子さんの喜びを自分の喜びとして受け止められる家庭教師を揃えています。

浅田　今のお話から、久保社長が家庭教師というスタッフを大切にしていることが伝わってきてうれし

㈱デスクスタイルの吉田友則社長

くなりました。弊社も久保社長の会社同様にアルバイトの学生や社員を大切にしています。指導しているお子さんと同じように、スタッフも弊社の財産だからです。最近では、弊社の家庭教師がかつて教えていた生徒が大学生になって弊社のアルバイトをしてくれるケースも増えてきました。その姿を目にするたび、家庭教師を派遣する会社を創設して正解だったと心から思えてきます。

久保　これから少子化が進み、様々な業界でますます人材不足になるでしょう。しかし、私たちが派遣する家庭教師や提供するサービスによって成績が伸びた生徒なら、将来、最高のスタッフになって人材不足を解消してくれるはずです。新しいアイデアをどんどん出してもらい、革新的なビジネスモデルをつくることもできるでしょう。その日を楽しみにして、家庭教師の育成や教材の開発に力を入れていきたいと思います。

◆体温のあるアナログも教育に必要

綱島　デジタルが主流の今、オンライン家庭教師によるサービスも次々に登場しています。このようなＩＣＴを活用した学習指導については、どのようにお考えですか？

久保　新型コロナ禍が始まった頃は、家庭教師が自宅に来るのが不安なため、オンラインで教えてほしいという保護者の方々からの要望が一気に増えました。しかし、実際にオンラインを導入してみると、家庭教師とお子さんのどちらの側からも表情がわかりにくいといった意見が出てきました。やはり対面で教えた方が、お子さんと心を通わせることができ、絆も強まることがわかってきたのです。

　文部科学省のＧＩＧＡスクール構想によって、学校の授業のデジタル化は加速度的に進んでいます。たしかにデジタル化は時間の短縮に大きく貢献するでしょう。デジタルを使いこなせるお子さんにとっては、勉強の効率を上げることができるはずです。しかし、弊社が対象としている小中学生のお子さんは、どちらかというとデジタルを使いこなせない。そこで、アナログ対面の指導に重きを置いています。

　一方、若いスタッフは小さな頃からタブレットの操作に慣れ親しんできたため、私たちの年代とは発想の仕方も違います。今後、私たちの発想と若い世代のそれをつなぎ合わせていくことで、イノベーションを起こせるのではないかと期待しています。

吉田　小中学生の指導に関しては、デジタル化が進めば進むほど、反対にアナログ的なサービスが求められてくると私は考えています。久保社長がおっしゃったように、勉強が苦手な小中学生にとっては、タブレットよりも紙で学習するスタイルのほうがシンプルで親しみやすい傾向にあるからです。

　高校生や大学生や社会人になれば、タブレットやノートパソコンによるオンライン授業によって好きな時間に好きな場所で勉強できることは、大きなアドバンテージになるでしょう。しかし、小中学生の時期は、ほぼ学校と家庭とを往復するといった生活リズムなので、デジタルから受ける恩恵はそれほど多くはないのでしょうか。オンラインよりは、家庭教師に目の前で教えてもらえる温度感が重要だと思います。

浅田　私もデジタル化が進んでいる時代だからこそ、教育に関しては、教える側の体温が伝わるアナログの方が適していると考えています。特に私たちは主に義務教育の年代のお子さんたちを対象にしているので、なおさらです。無理にデジタルに合わせていくことはないと思っています。

◆子どもたちの未来のために

綱島　御社の特色や理念などを教えてください。

久保　勉強が苦手なお子さんに対して最高の学習法を提供し、一人ひとりのライフスタイルの中に、そのお子さんならではの学習法を定着させることです。そして、保護者の方々にもお子さんにも喜ばれることに全力を注いでいきたいと思っています。「マイタイムがいちばんいいね」という言葉を聞けたら、喜んでもらえた証になります。

　そのために弊社の家庭教師や社員やスタッフなどに「面白いことをしよう」「大好きなことをやろう」「人に喜ばれることをしよう」「自分に対しても人に対しても嘘をつくのは絶対にやめよう」と常に呼びかけています。

そして、自立したスタッフを育てることをめざしています。答えをトップに求めていても迅速な対応はできません。自分の頭で考えて行動に移せるスタッフであってほしいのです。そのために縦型ではなく、横型のチーム体制を理想としています。スタッフがいきいきと働けるからです。

スタッフが満足しなければ、保護者の方々やお子さんに喜んでいただくことはできません。そこで、弊社が採用させていただくスタッフには共通項があります。「人が大好き」ということです。そんな方々と一緒に「子どもたちの未来のために」という同じ目線で仕事をし、お互いを高め合っていきたいと考えています。

◆満足できる環境が上質な仕事を生む

吉田　弊社では勉強嫌いのお子さんを勉強好きに変え、健やかに成長させていくことをスタッフ全員が願って仕事をしています。その実現のために家庭教師が一人ひとりのレベルに応じた指導ができるという強みの背景には、これまでに培ってきたノウハウを注がれた学習教材があります。この教材によって家庭教師の力量にすべて頼ることなく、お子さんの学力を伸ばすことができるため、ほぼ三〇年間価格を変えずにサービスを提供できています。保護者の方々からは「学習塾と比較して、負担が少なくて済むので助かります」という声を数多くいただいています。

政府も子育て支援の政策に向けて腰を上げましたが、お子さんが二人や三人もいるご家庭では、全員を学習塾に通わせた場合、月謝がお子さんの数に応じて二倍、三倍と増えてしまいます。

しかし、弊社は一家庭に二人ご兄弟がいた場合、二人を指導しても二倍ではなく、約一・二倍から一・三倍という価格設定をしています。これが大きな強みのひとつです。保護者の方々からは「デスクスタイルの授業があったから、兄弟二人を無事に育てることができました」という感謝の言葉をいただいています。

これからも、保護者の方々のご要望に真摯に向き合い、他の学習塾とは違うポジションの教育事業として、家庭教師派遣というスタイルをさらに全国に根付かせていきたいと考えています。

㈱第一出版の浅田正行社長

浅田　私も三〇年以上、家庭教師に携わってきています。長い経験の中で、久保社長と同じく、スタッフが満足できる環境を整えていけば、その満足は顧客の皆様である保護者の方々やお子さんにも反映されることに幾度となく気付かされてきました。満足できる環境は、スタッフの心の余裕と、人を感動させるような仕事を生み出すのです。弊社の離職率が極めて低いのはそのためといえるでしょう。

賃金や福利厚生を含めて、スタッフの会社に対する満足度の向上を図るとともに、社内の風通しをよくしていることも弊社の特色です。

たとえば、私は一対一あるいは一対二で社員の声にも耳を傾けています。「何か困っていることはないですか?」「会社に対する要望はないですか?」などです。家庭や友人関係のことを聞き、私が相談に乗ることもあります。こうした社員が満足できる環境づくりを常に心がけ、さらに保護者の方々やお子さんたちに、より大きな満足をお届けしたいと考えています。

Column3

『管理システム』

理工学部の学生が家庭教師から塾を開き、生徒管理のシステムも開発し、タブレットなどを使い入退室管理と同時に生徒の成績や学習管理も行う時代。塾に来て生徒が自分のIDカードをかざすと自動的に前回までの学習内容が指導する講師のタブレットに表示される。

「前回はこの単元でつまずいたから、今日はまずこれを復習してから次の単元に入ろう」

講師は瞬時にその日の学習内容を生徒と確認し合うことが出来る。システムが無い時代は手作業で同じ事が行われてきたが、システムが塾に合わせてカスタマイズされるので、その塾の生徒の学習スタイルに合わせて効率的な管理が行われる。

塾への問い合わせから教育相談・体験学習を経て入塾までを管理出来るシステムもあり、こうしたものが無ければ人材不足の中、塾は適正価格で運営することが出来なくなる。とても有り難いツールなのだ。

しかし、あえて黒板とチョークを使う塾があったり、大きな白板を個別指導に使う塾があったりする。

「指導の情熱は機械化できない」からなのかもしれない……。

Chapter 5

特集
やりがいのある
教育の現場とは？

千葉誠一

民間教育は、人間的成長ができる やりがいのある職場

一 全国主要塾の「やりがい」ある職場への取り組みとは?

座談会や研修も活発。

規模に関係なく、学習塾では日々研修が続けられている。そして、彼等には報酬と福利厚生が約束される。しかし、彼等が真に求めるのは指導している生徒たちの成績と精神力の向上である、そして本人の目標達なのだ。

やり甲斐のある仕事が出来る環境作りのため、会社はつねに楽しく魅力ある職場を目指して努力と工夫を重ねているが、社員としてまず理解して身に付けなければならいものは、社会常識に加えて教育理念であり教育の姿勢である。各塾の教育理念は、創業の思いを前面に出したものであり、塾とそこで働く人たちを自ら律する考え方でもある。

進学塾であっても補習塾であっても、そして集団指導塾や個別指導塾であっても、生徒の人間的成長を目指さないで教科指導を優先する塾は皆無だ。

最近は、デジタル時代を反映して理科系出身の人材採用が積極的だが、それ以上に明るく元気で有能な女性の採用と活躍が目立っている。女性が活躍し

映像を使った研修風景。

ていると自然に男性も頑張るようになる。塾の社員が楽しく仕事をしていると、生徒たちも彼等から元気をもらい、大人社会に対する不安を薄めて、自分の将来にいろんな夢を描けるようになるのだ。

◆数値では測れない教育という仕事のおもしろさ

教育サービスを業務とする「私教育」（塾・予備校）は、その仕事の面白さという点では異業種を寄せ付けない魅力にあふれていると言われる。では、どんな観点を重視して人材採用をしているのだろうか？

主要塾のアンケート結果の一部をご紹介しよう。

練成会グループ「教育に携わる者としての覚悟、情熱、子どもからも学びを得ようとする素直さ」

うすい＝うすい学園「人間性、明るく、前向きであるか。繕わずに正直に話せるか」

ヒューマレッジ＝木村塾「体力的・精神的にしんどい状況を、歯を食いしばって何とかしてきた経験があるかどうか」

さなる＝佐鳴予備校「人間的魅力があるかどうか」

栄光＝栄光ゼミナール「教育への覚悟とビジネスパーソンとしての視座」

野田塾「採用の際に重視するのは人柄」

ビジュアルビジョ

清涼感のある説明会場。

ン「能力よりも意欲や熱意を大切にしている。また、夢や目標を実現させようとする前向きな姿勢を見ている」

おわかりのように、教務的なスキルを軽視しているわけではないが、あくまでも人間的な魅力あふれる人材の採用と育成を各社とも重視しているのである。生徒や保護者から見られても恥ずかしくない人間性と高いスキル、そしてあらゆる面でバランス感覚に優れた人材が、多くの先輩たちに育まれて、生き生きと働きながらさらなるスキルアップと人間性を磨く職場が、まさに学習塾業界には存在しているのであり、それを後輩へとつないでいる。

◆充実した研修制度で、異業種から転職しても即戦力としての活躍が可能

各社はさまざまな研修制度を用意しているが、最近目立つのは、社内だけでなく社外の研修機関に依頼したり、社員を積極的に各種講演会に参加させていることだ。また、将来に向けて体系的な研修システムを構築し、早期人材育成に努めているところもある。

練成会グループ「人材育成、マネジメント研修。教室経営戦略研修、感動体験研修」

うすい＝うすい学園「マナー研修（アナウンサー講師による）、面談研修、コーチング研修、経理研修、ネットワーク研修」

ヒューマレッジ＝木村塾「教育理念研修（木村塾流勝利の方程式　七か条）、成功事例ベンチマーク（各校舎や個人の成功事例を学び互いを高め合う研修）、ＤＭＣ研修（他人に響く話し方を学ぶ研修）」

さなる＝佐鳴予備校「スピーチ、プレゼン研修、階層別の研修など」

野田塾「マナー研修、接遇対応研修、マネジメント研修など」

ビジュアルビジョン「一流の従業員を育成している。そのために必要なスキルの習得はもちろん、礼儀作法等の基本動作も学ぶ」

かつては、職人的な講師を揃えて合格実績を他塾と競い合うのが学習塾の姿として、世間に大きく映っていたが、最近の学習塾では、ベテランから若

手に指導技術や心構えを伝え、時にはマンツーマンで先輩が後輩を指導して各校舎の核となっていくしくみができあがっている。

兵庫・大阪で展開し、梅田に本部を置くヒューマレッジ＝木村塾では、十数年前から生徒たちに「木村塾流　勝利の方程式　七か条」を実践してきたが、それが生徒たちの意識改革につながり、成績と合格実績の飛躍的向上となって開花した。創業者の木村吉宏相談役は、これを社員にも適用したが、今では社員の仕事へのモチベーションも格段に高まっているという。働きながら、自分自身を向上させることができるのが学習塾業界の「スタンダード」。万一異業種に転職することがあっても「さすがは学習塾業界にいた人だ」と言われるが、その逆もまたしかりで、異業種からの転職者も充実した研修により瞬く間に即戦力となっていくのである。

◆充実した福利厚生と手厚い待遇

各社は、福利厚生の充実により働きやすい職場環境づくりとともに、休暇で使える保養所や契約施設などの充実にも努めている。また、各種手当や制度による細やかな生活環境の変化への対応など、手厚い待遇にも尽力している。木村塾のコメントでもわかるように、給与水準も業種別で常に上位にランクされている。社員から最も高い評価を得ている全国の主要な塾の福利厚生と待遇面についてみていこう。

練成会グループ「地域貢献できる福利厚生と社員教育（社内、社外問わず）」

うすい＝うすい学園「評価が高いものは独身寮。年間休日の取得率は達成できたため、次は有給休暇の取得率をアップさせたい」

ヒューマレッジ＝木村塾「夏期長期休暇が二回もある（お盆五日間、八月末五日間の計一〇日間）、社員の平均年収が一部上場企業レベル（三〇歳平均五〇三万円、三五歳平均六一〇万円）、会議・研修への参加・残業等のするしないを自分で選べる（社員も生徒と同じ）、女性が働き易い職場づくりをより推進していく」

さなる＝佐鳴予備校「グアム、箱根などの保養所」

栄光＝栄光ゼミナール「変形労働時間制、育児休業制度、短時間勤務制度」

野田塾「評価が高いものは帰宅時間がきちんと管理されていること。今後の課題は、教務以外の部署の整備、有給休暇の取りやすい環境の整備」

ビジュアルビジョン「福利厚生制度の多くは、『夢会議』を通じて実現している。住宅ローンの利子補給制度やクルーザーなど、他社にない制度・設備を持っているのも魅力」

　有給休暇の取得率を高める努力について、うすい学園や野田塾がコメントしているように、職場環境の改善にも並々ならぬ努力をしているのが学習塾業界の特色の一つでもある。

◆社員旅行も欠かせない研修の一つになる

　社員研修で海外に数十名で行くことも多いが、時にそれは貴重な体験、欠かせない経験となることが多い。香港に社員研修で行ったビジュアルビジョンの社員たちは、香港の民主化を求める学生たちと警察の衝突現場に遭遇、いつもニュースで見る光景を目の当たりにした。このインパクトある刺激が生徒たちに向かって行う授業に生かされないはずはない。

　上海に社員旅行に行った群馬のうすい学園の社員たちは、柴崎代表から聞いていた数年前の上海とは全く違う上海を体験して驚いた。混雑する地下鉄で整然と並ぶ人たち、信号待ちできちんと待つ車と人、そして信号のない横断歩道ではお互いの間合いを読み取って行き交う車と人、さらに様々な注意書きの看板が消えて、ゴミ一つ落ちていない街路……。

　こうした実体験によって、塾の社員たちは異国の生活や発展の様子を自分のデータベースに取り込み、授業に生かしたり、次の世代の育成に役立てたりすることが出来るのだ。

「日本の夜明け」を演出した坂本龍馬

日本の夜明けを見るため幕末奔走した坂本龍馬は、「何の志もなきところに、ぐずぐずして日を送るは、実に大ばか者なり」と言ったという。

　指導者の目の前には日々成長し未来に生きようとする子どもたちがいる。その子たちに恥ずかしくない背中を見せながら、指導者も日々成長するために、充実した福利厚生や研修制度は欠かせない。そこにそれぞれの志も生まれてくるのだ。

◆良い意味の「競争原理」が生かされている

　全国の塾では、「生徒アンケート」や「成功事例」の披瀝の場などを活用して、伸ばせる人は伸ばすことが当たり前の職場環境づくりに努力している。また、年功序列のタテ割りの職制ではなく、年次や年齢に関係なく実力と実績に応じて仕事を評価される。リーダーシップに富み広範囲のマネジメントができる能力の高い人には、徐々に責任ある立場が任されていく。

　といっても、上から下へのトップダウンの単純な命令系統ではない。成功事例や失敗事例などを持ち寄り、お互いの良いところを真似し合い、かつ切磋琢磨していく……、その結果として組織のレベルアップが可能となっていくのである。個人の「のびしろ」を伸ばしていくことで、企業としての「のびしろ」もどんどん伸びていくと言い換えてもよいかもしれない。

　全国の学習塾は、「競争原理」を大事にしているが、社会常識である礼儀やみだしなみにも特に気をつかっている。日本の将来を担う生徒たちに対して指導を行う責任と自覚があるからだ。それは、生徒の

色分けされた教室。

アートな教室が増えている。

居心地のよいフリー学習スペース。

前では教師であっても、保護者や外部からの来客に対しては社会人として対応しなければならないからでもある。

また、指導能力の強化だけでなく、保護者との進路相談や校舎運営のマネージメント能力の強化なども研修で常に徹底されている。個々の目標設定が可視化され、社員それぞれが目指すべきもの、そしてそのために学ぶべきものが明確にわかるようになっているのだ。具体的な事例として野田塾を挙げると、「模擬授業大会の代表として選ぶ、入試解説のテレ

独占できる自分だけの自習ブース。

ビ出演者に選ぶ」などを通して、本人の意識改革と自覚を促す試みが行われている。

◆教育の仕事には「自分自身を高める覚悟」という快感がある

数値ではわからない学習塾の仕事のやりがい、楽しさは子どもの数だけ広がりのあるものだと思われる。同時に、教育という仕事には、自分自身を高める「覚悟」という快感も含まれる。ただし、それは曖昧なものではなく、たとえば「行動規範」として

規定され、社内で浸透させることで、組織としての意思統一が行われていたりする。

毎年巣立っていく生徒たち……。その一人ひとりの人生に関わることができたという思いに浸る間もなく、成長した生徒たちは後輩のために塾を訪れるかもしれないし、講師としてアルバイトに来るかもしれない。さらに大学を卒業して塾に勤める人もいるかもしれない。

生徒だった人たちが塾に勤めてみて初めてわかる待遇的なものが、予想外にレベルの高いものであることが多い。特に、本書に掲載されている各社は例外なく地域の優良企業として高い評価を得ている。学習塾として高い合格実績を維持しているだけでなく、企業としての質も高いのだ。

それは、良い意味で、各社が指導の質と同時に企業としての質を向上させるために競い合っているからにほかならない。それを実現するために人材採用と育成にもつねに最大限の投資と努力を惜しまない。そして、教育という仕事には「自分自身を高める覚悟」という快感が伴っているのである。

個別面談室。

ゆとりある広い廊下。

二　多様化する教育現場で働きながら日々何かを学ぶ

◆指導形態が多様化する教育現場

かつては生徒指導＝教務が出来れば、塾の人材として十分だったが、最近は個別指導の校舎運営を担当したり、管理部門で人事を担当したり、指導以外の仕事も増えている。男性社員で新卒を一切採用せず転職者だけを採用する会社もあり、異業種経験者を重用しているのも学習塾業界の人材採用の特色の一つでもある。

　教育現場には、デジタル機器が色々と導入されており、パソコンだけでなくタブレットやロボットなどを使いこなせなければならない。なにしろ生徒たちは生まれながらにデジタル世代であり、大人の数倍のスピードでデジタル機器に慣れていく。ゲームを生かしたアプリによる学習なども導入されてきており、そうしたものに強い若手人材も重用されている。

ロボットだからいい!!

◆多彩な事業拡大で広がる職種と仕事

　一つの例をあげれば、埼玉県大宮市に本部を置くビジュアルビジョンでは、学習塾は沢山ある事業部門の一つにすぎない。たしかに収益の大きな柱ではあるが、不動産や飲食、そして介護や私学など、巨額な資本と多くの人材が動く事業が日々活発に動いている。そこで活躍しているのは塾出身者であり、人材の要となっている。

「それぞれの事業で収益を上げて、五十年、百年続く会社にしたい」と井沢代表は語る。

「不動産部門は前年対比一七〇%と好調で、数年前に二万坪のショッピングセンターを購入して収益に貢献してくれている。特別養護老人ホームも延べ床面積二千坪の施設を建設中で、高齢化社会に貢献したい。飲食や介護なども含めて、あらゆる業種でトップになり、百年後に残る存在でありたい」

　学習塾を本業と位置づけてサイドビジネスを一切しないところもあるが、人材採用と育成という観点から、塾以外の事業を手がけるところが年々増えて

塾は『働き方改革』に積極的。

いるのだ。一つの会社に入り、複数の職種や違う仕事を手がけることは、万一転職することがあった場合にとても役立つことでもある。

◆学習塾業界の「働き方改革」とは？

　昨今「働き方改革」についてのニュースが色々と出ているが、学習塾業界においても、「働き方改革」についての取り組みは積極的だ。

　どうしても夜型の仕事なので、別途手当が支給されたりしていたが、最近は担当する授業が無ければ定時に帰れるようになっている。また、どうしても用事がある場合は「代講」が用意されたりする。

「プレーイングマネージャーというと聞こえはいいが、結局何でも屋になってしまうと仕事の出来る人にいろんな仕事が集中して、仕事をすべき人がダラダラしてしまうことになる。管理本部の仕事は、そうした仕事のアンバランスを調整していくこと。具体的には、アプリでシフトを管理しつつ、個別のスケジュールを考慮して、万一の場合に備える。厳格な管理ではなく融通のきく管理を目指している」(某塾の管理本部の人事課)

「働き方改革」の中ではやはり人と人とのコミュニケーションが最も大事であり、正直に自分の都合を提示し、それに対応してもらうことが肝要だ。そうすることで、次の万一の場合に備えた対策が生まれて、それをまたシステムに組み込むこともできる。そうしたカスタマイズできるシステムが多くの塾に導入され、自然とそれが「働き方改革」を促進してきたのだ。

◆女性の活躍

「女性の活躍」と言うと、まるで男性の多くが活躍していないように聞こえるが、それは全く違う。「男性と同じように女性が活躍しているのが、学習塾業界の特色の一つ」であると言い換えよう。

女性の授業力は年々アップ。

「女性というのは元々実力主義の考え方がつよく、結果を出すためにどう動けばよいかを最優先で考える。だから、過程ではなく結果重視で働く。しかし、それは時にブレーキのない車になって、事故を誘発してしまうことにもなるので、女性と男性の活用をバランスよく行えば、現場は混乱しなくて済む」と語るのは某塾の本部長。

セミナーや研修に参加する女性が増えている。

外部講師も積極的に呼んで研修。

「以前は、校舎長は男性で女性はサブまでだったが、最近は入社の面接で『三年以内に校舎長になりたい』と言う女性もいて、実際二年で校舎長になったケースがある。女性の活躍するフィールドで突破口を作ってくれると、そこからどんどんそれを超える活躍をする人材が増えていく……」

具体的な例を一つあげれば、練成会グループの仙台練成会の五橋スクールの教室長をしている渡邊早記さんは、「私の結果によって、今後女性職員が活躍する場がさらに増えていけば嬉しいです」とインタビューで語っている。渡邊さんは、全国模擬授業大会のグランドチャンピオンにも輝いており、「演技だけではない、心が伝わる授業の質」を日々高めている。

他にもeisu groupのCOOを務めている伊藤奈緒さんや練成会グループの松田彩常務執行役員など、年々女性の活躍が目立っているのが、学習塾業界の大きな特色の一つとなってきた。

「女性が頑張ると男性も頑張るというのが教育現場の常識でもある。だから、女性を前面に出すと、男性の目の色も変わる」と語るのは、某大手塾の幹部。

「かつては男女雇用均等法などがあり、まず法律や掛け声が先にあったが、今は違う。何も言わないうちから、新規事業に対して『私にやらせてください』と言ってくる女性社員がいる。ただ目立ちたいのではなく、新しいビジネスに対する好奇心が旺盛で、申し出た時点で具体的な自分の意見も持っている。それが男性と違うのかな？」

つまり、女性社員は新規事業をやりたいと申し出た時点で自分の具体的な提案を持っているのに、男性社員の多くはただやらせてくれと主張するだけなのだという。同じ男性としては異論を唱えたい気分だが、冷静になって考えるとたしかに男性はそういう傾向がつよいと思われる。

よく人的ネットワークを活用するというのがあるが、男性は過去の自分のネットワークを使おうとする傾向がつよいのに対して、女性は

学生も女性も貴重な戦力。

新たなネットワーク作りをする傾向にある。したがって、新規事業を担当させる場合、女性の方が適しているのかもしれない。真っ白なキャンバスに自分の思う通りに描くことが出来る新しい仕事、それは女性にとって心躍る楽しい仕事でもあるのだろう。

若手の男女社員が躍動する「全国模擬授業大会」。

「特に男性と女性の比率を気にしているわけではないが、ここ数年女性の入社が増え、しかも定着率が高い。したがって私たち幹部も経営の安定を重視しつつ、新規事業で新しい収益の柱を作ることを目指している」と語るのは某地域一番塾の幹部。

「女性はやはり安定を求める一方、新たな仕事に対して嬉々として取り組む傾向がつよい。それと仕事に行き詰まった時、必ず相談してくれる。男性だと、しまいこんでしまう傾向があるのだ。きっと自分の弱みを他人に知られたくないのだろう」

この話は、恥ずかしいことだが、心当たりがある。誰かに相談したいが、出来ない自分を知られることが恥ずかしくて言えない。そうした中で、どんどん時間だけが過ぎていき、最悪の結果を招く……女性の場合はすぐに相談して突破口を開く。男性と女性のトラブル対処の違いについて理解していれば、適材適所の人事も可能になっていく。

◆生徒の自己実現を手助けし、かつ自分の夢を叶える

生徒たちが成長していくのと同時に指導する先生も年を重ねていく。時は待ってくれない。しかし、学習塾の仕事は、生徒たちの自己実現を手助けし、かつ自分たちの夢も叶えていくことが出来る魅力的な仕事でもある。

チャットＧＴＰをはじめとしたＡＩが人間の仕事を奪おうとしているが、過去百年でどれだけ人間は進化してきたのか？　振返ってみれば、百年前の日本は大正デモクラシーの時代だが、第一次世界大戦が終結した世界は革命の嵐にもなっていた。産業が急成長した大阪では千七百本以上の煙突が立ち並び、「煤煙都市」と称された。箱根駅伝や宝塚劇場が生まれたのもこの時代である。成金が金をばらまき、誰も次の大戦で日本が敗れることなど想像すらしなかった。

それでは、これから百年後までを正確に予測できる人が果たしてどれだけいるのだろうか？　世界的な戦争は起きないにしても、違う形の戦争、二国間の戦争や経済戦争やＩＴ戦争など、人間の仕事も含めて激しい淘汰が起こる時代が急速に訪れるかもしれない。また、これまで当たり前とされてきた様々な「常識（スタンダード）」が崩れてしまうかもしれない。おそらく、その過程で、人間の仕事の何割かがＡＩ（ロボット）に奪われていくのだろう。

私たちは今、ＡＩに負けない子どもたちの指導を心がけているが、それでもＡＩに仕事を奪われてしまうケースが多々出てくるはずだ。まさにその時、自分の力で突破口を開くことができる子どもを育てていくことができれば、それが塾の仕事として高い評価を受ければ、学習塾業界は無くならないはずだ。

「百年後も残って評価される会社」作りを目指している学習塾業界のトップも数人いる。その人たちは異業種に学び、積極的に異業種からの転職者も採用している。つまり、ビジネスの思考力はすでに学習塾業界の枠組みからはみ出しているのだ。

「昔の塾は純利益率が高く、それだけで何も考えなくて良かった。しかし、これからは塾とは別の収益の柱をいくつか準備しておかないと、万一急に生徒数が減ったら大変なことになる」と語るのは、過去に業界で塾を経営して拡大し過ぎたことが原因で廃業した元塾長。

「リアルとリモートの二刀流が常識化したが、実際に校舎のないオンライン開校やメタバース展開も本格化しているし、異業種とのコラボもあり、わくわくする未来が見える。映像授業も究極の個別指導と言われたが、まだまだ塾の指導形態は進化中だ。その背景には教育ＩＣＴ化によるタブレットの導入がある。

　この指導形態の変化に応じて、指導方法も変化してきたが、原則として人間は変わらない。つまり毎年同じように採用し育成して教師になるが、特別なＩＣＴ対応の指導を受けたわけではないので、生徒の方がレベルが高い場合が多い。最高のセキュリティをかけて生徒全員にタブレットを配ったとしても、数人の生徒がそのセキュリティを破って自分の好きなサイトにネットでつなげてしまうこともある。これは中学生から高校生になるにしたがい破られる率が高くなり、塾側は対応策がなくなる。そんな状況で教師が生徒を指導するというのは無理な話になっていく……」

　機械の進化と人間の対応はいたちごっこが続くと思われるが、かつての敏腕詐欺師やハッカーが警察や警備会社の助言をするような時代だから、デジタル機器を自由自在に扱う生徒たちも将来同じような道を歩むことになるのかもしれない。問題は、この進化についていけない中高年を中心としたアナログ世代の教師の研修をどのように行うかである。

　また、これから教育サービス業界で働く人たちに必要な知識や能力は何かということも重要である。それらを少しだけ解決して不安を取り除いてくれるものがあるとすれば、今はこの本しかないと言える。

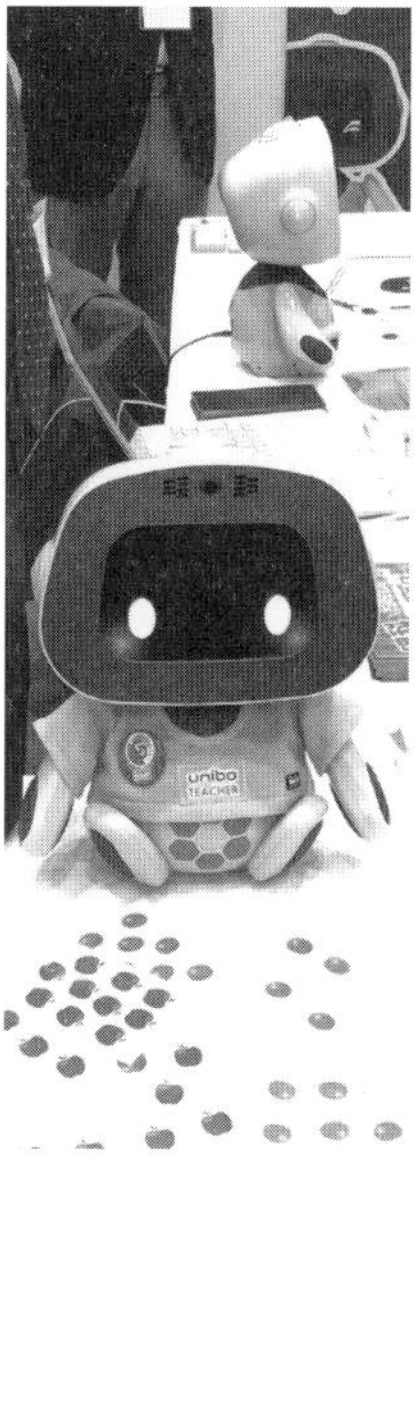

Chapter6

特集
●公立中高一貫校対策の拡大
●総合型選抜

黒木康孝

公立中高一貫校対策の拡大

公立中高一貫校に生徒を送り出す学習塾が、教育に果たす役割がさらに大きくなる

◆将来のリーダーとなり得る人材教育

「六年間の一貫教育の中で、社会の様々な場面、分野において人々の信頼を得て、将来のリーダーとなり得る人材を育成することを目的とする学校」。公立中高一貫校（以下、公立一貫校）について、東京都教育委員会のホームページには、このように記載されている。日本の中高一貫教育の歴史は古く、明治時代の官立や私立の旧制中等教育学校にまで遡ることができる。戦後は国立や私立の中高一貫校が六年一貫教育を行ってきたが、一九九八年に学校教育法の一部改正により、公立一貫校が全国に誕生することになった。

その嚆矢となったのは、二〇〇三年に埼玉に創立された県立伊奈学園中学校（北足立郡）だ。伊奈学園総合高等学校に併設された中高一貫校としてスタートした。東京では二〇〇五年に都立白鷗高等学校附属中学校（台東区）が創立され、その後、公立一貫校が次々に生まれていくことになった。

公立一貫校には三つのタイプがある。「連携型」「併設型」「中等教育学校」だ。「連携型」は、市町村の中学校と都道府県の高校が連携して中高一貫教育を行う。中学の入学者選抜はない。中学校から高校に進学するには簡単な試験がある。

「小石川教養主義」「理数教育」「国際理解教育」を三つの柱とする小石川中等教育学校。

「併設型」は、すでに存在している公立高校に中学校を併設して中高一貫教育を行うものである。中学の入学者選抜はあるが、高校に進学するための選抜はない。高校募集を行うため、高校から生徒が新たに入学してくる。先に紹介した伊那学園中学校や白鷗高等学校附属中学校がこの「併設型」だ。「中等教育学校」は、中学校にあたる前期課程、そして高校にあたる後期過程に分かれた六年制の学校だ。前期過程に進学するには選抜があるが、後期過程には選抜なしで進むことができる。「併設型」と違って高校からの募集はない。

◆都立の公立一貫校五校が完全中高一貫化

中高一貫教育の大きな特色のひとつは先取り学習にある。五年間で教科書の内容を終わらせるため、生徒は最後の一年間を大学入試に特化した演習などにあてることができる。そのため、国公立大学や早慶などへの進学実績は高い。しかし、私立の中高一貫校では学費がかかる。そこで中高一貫校に子どもを進学させることに逡巡していた家庭にとって、中学校の学費が無料である公立一貫校は大きな魅力だったのだ。

また、「併設型」や「中等教育学校」の選抜方法は適性検査型入試と小学校の報告書による。小学校四年生から受験勉強を始めなければ間に合わないとされる私立の中高一貫校と比べると、受検の準備に余裕があることも人気を高めた。

現在、首都圏にある公立一貫校は二三校。内訳は東京一一校・埼玉四校・千葉三校・神奈川五校だ。なお、東京一一校のうち、千代田区立九段中等教育学校のみ区立で、他一〇校は都立である。

では、首都圏の公立一貫校の内訳を見てみよう。都立校で注目すべきは、立川中等教育学校付属小学校（立川市）だ。同校は立川中等教育学校として二

○○八年に開校した。この学校が二〇二二年に全国で初めての公立の小中高一貫校となったのである。同校の「めざすべき生徒像（卒業二〇年後の姿）」は「高い言語能力を活用して、世界の様々な人々と協働するとともに、論理的な思考力を用いて、諸課題を解決し、様々な分野で活躍する人材」だ。その実現に向けて「探究的な学び」と「語学力と言語力の育成」の二つを特色として掲げている。英語の授業は小一から週の四時間。義務教育の九年間で通常の学校より一〇〇〇時間以上多く外国語を学習できるのだ。小学校から入学する場合、早期から受検の準備を始めなければならないが、子どもを学ばせる価値は大いにあると思われる。もちろん、中学校から入学することも可能だ。

　また、都立校で人気が高いのは、小石川中等教育学校（文京区）である。両国高等学校附属中学校（墨田区）、武蔵高等学校附属中学校（武蔵野市）とともに「都立中御三家」と呼ばれている。二〇二三年度の国公立大学現役合格者は七一名。既卒生を合わせると八一名だ。東京大学には一五名が、東京工業大学には六名が、国公立大学の医学部医学科には三名がそれぞれ現役で合格を果たしている。

　他の都立の中高一貫校も東大合格者は多い。前述の白鷗高等学校附属中学校は、第一期生の中から東大合格者を五名も輩出する快挙を成し遂げた。

　一方、東京の都立一貫校は、高校からの生徒を募集しないことになった。すでに二〇二一年から武蔵高等学校附属中学校と富士高等学校附属中学校（中野区）が募集を停止。二〇二二年からは両国高等学校附属中学校と大泉学園高等学校附属中学校（練馬区）が募集を停止した。白鷗高等学校附属中学校も二〇二三年から停止している。併設型の公立一貫校の完全中高一貫化の背景には、大学入試改革に求められる思考力・判断力・表現力や主体性・協働性を育成するための最先端の教育に六年間をかけてじっくりと取り組みたいという学校の意向があるのだろう。

◆茨城県の公立一貫校は全国最多の一三校

神奈川では二〇〇九年に「併設型」の横浜市立横

浜サイエンスフロンティア高等学校・附属中学校が誕生した。大学教授や企業の研究者を招いて課題探求型の授業を行うなどの最先端の教育が評価されて、二〇一五年には高校が文部科学省よりスーパーサイエンスハイスクール（ＳＳＨ）およびスーパーグローバルハイスクール（ＳＧＨ）に指定された。二〇二二年度の大学入試では、東京大学や京都大学を始めとする国公立大学に一二〇名近くが合格を果たすなど高い進学実績を誇る。

さいたま市立大宮国際中等教育学校。国際的に評価の高いディプロマ・プログラムの導入が検討されている。

　埼玉では二〇一九年、さいたま市立大宮国際中等教育学校が開校。さいたま市立うらわ中学校に続く、県内で三校目の公立一貫校となった。国際バカロレア（ＩＢ）の認定校であり、国際社会で活躍できる人材の育成に力を入れ、多彩な語学研修や海外留学を用意している。二〇二一年には「併設型」の川口市立高等学校附属中学校も誕生。初年度の倍率は七倍となった。

　千葉では二〇〇七年に県内の公立高等学校では初となる「併設型」の千葉市立稲毛高等学校附属中学校が開校。同校は二〇二二年に中等教育学校に改編し、校名を変更して千葉市立稲毛国際中等教育学校となった。「国際」を冠した新校名が示す通り、グローバル教育を推進するとともに探究活動にも力を入れている。

　茨城県に目を移すと、二〇二〇年には竜ヶ崎第一高等学校を始めとする五校が「併設型」の公立一貫校を開校。二〇二一年には水戸第一高等学校や土浦第一高等学校が、二〇二二年には水海道第一高等学校と下妻第一高等学校がそれぞれ附属中学校を併設した。その結果、県内の公立一貫校は一三校になった。この数は、全国最多である。こうした公立一貫校に多くの生徒を送り出す学習塾が日本の教育に果たす役割もさらに拡大していくだろう。

総合型選抜とは？

好きなことを究めた結果が評価され難関大学に進学できる時代となった

◆植物学者の牧野富太郎博士のような逸材を

「自分が受けた教育を子どもに押しつけてはならない。彼（彼女）はあなたとは別の時代に生まれたのだから」。これは、インドの思想家であり、アジアで初めてノーベル賞（ノーベル文学賞）を受賞したラビンドラナート・タゴール（一八六一年〜一九四一年）の言葉だ。

　今を生きる子どもたちの保護者世代が受けた教育には、教員が与えた問題を解き、正解を答えることにウェイトが置かれていた。だが、現在の教育は違う。二〇二二年に学習指導要領が改訂され、知識や技能とともに、表現力・判断力・思考力、さらには他者と協働しながら問題を解決する能力の育成が求められるようになったのだ。

　この学習指導要領の改訂によって「総合的な探究の時間」が高校の必修科目になった。生徒が主体的に課題を設定し、情報の収集や整理・分析をしてまとめる能力の育成が目的だ。「総合的な探究の時間」では生徒が社会の諸問題から歴史、文化、自然科学まで、自分の興味・関心が探究の中心になるため、教員に与えられたことをひたすらこなしていくような学習にはならない。

　たとえば、古墳に強い興味を抱いた生徒がいれば、日本史の教員に質問したり、インターネットや図書館を活用したり、フィールドワークをしたりして、好きな研究に没頭できるのだ。

「総合的な探究の時間」とともに「探究」という言葉を冠した科目も新設された。「古典探究」「地理探究」「日本史探究」「世界史探究」「理数探究」「理数探究基礎」の六科目である。なぜ、こんなにも「探究」なのか？　これからのグローバル社会では自ら問いを立て、問題を発見したり、解決したりする能力がますます求められるようになるからだ。

お茶の水女子大学（写真）では「新フンボルト入試」という名のユニークな総合型入試を導入。

こうした探究活動の実績を糧にして大学に進学できる入試が「総合型選抜」である。この入試によって、主要教科の偏差値による「一般選抜」でない方法で合格を勝ち取れる大学が増えているのだ。当然、こうして進学した大学では、自分の好きな研究を一貫して続けることができる。

つまり、今の大学は、日本植物分類学の基礎を築いた植物学者の牧野富太郎博士のような人材を求めているのだ。現代でいえば、東京海洋大学客員教授のさかなクン氏のような人材である。従来の「一般選抜」では、こうした逸材を発掘することが難しいのだろう。

「総合型選抜」は、早慶上理やＧＭＡＲＣＨ、関関同立といった難関私立大学だけでなく、京都大学や東北大学、北海道大学、九州大学といった旧帝国大学にも導入されている。

◆高校生の約半数が総合型と推薦型で受験

この入試方法は、かつて「ＡＯ入試」という名称で呼ばれていたが、二〇二一年度の大学入試から現在の「総合型選抜」に変わった。「ＡＯ」とは「入学事務局」を意味する「Admissions Office（アドミッションズ・オフィス）」の略だ。大学は学部や学科ごとにアドミッション・ポリシー（求める学生像）

を掲げている。「総合型選抜」は旧名称が示す通り、受験生がこのアドミッション・ポリシーと合っているかどうかを入学事務局が判断して合否を決める入試である。

なお、「AO入試」が「総合型選抜」に変わるのと同時に「推薦入試」の名称も「学校推薦型選抜」に変わった。今では高校生の約半数がこの「総合型選抜」と「学校推薦型選抜」で受験する時代になっている。「学校推薦型選抜」の概要説明は別の機会に譲るとして「総合型選抜」の入試方法について話を進めたい。

試験内容としては主に志望理由書や活動報告書や調査書などの書類と、面接や小論文やプレゼンテーションなどの実技が審査される。これまでに受験生が何を学び、大学入学後に何を学びたいのかを明確にし、大学が求めている学生像にどれだけ自分が近いかをアピールすることが求められているのだ。ここでは、探究活動を始めとする中高時代の学びの実績にプラスして、論理的思考力や表現力も問われる。通常のペーパー試験では見えにくい受験者の意欲や適性を評価するため、時間をかけて実施されるのが大きな特長だ。中には高校時代の成績や大学入学共通テストの結果を問う大学もあるなど評価方法も大学によって多種多様である。また、原則として「総合型選抜」で合格した場合、その大学に入学しなくてはならない。さらに「一般選抜」と比べて入試時期が早く、年内に合格が決まるケースが多い。そのため「総合型選抜」で不合格だった場合には「一般選抜」で再チャレンジすることも可能である。

◆基礎学力の大切さに改めて気づく

「総合型選抜」で受験する準備として必要なのは、大学の学部や学科のアドミッション・ポリシーを知ることだ。大学の公式サイトを検索すれば、これを読むことができる。慶應義塾大学湘南藤沢キャンパス（以下、ＳＦＣ）の総合政策学部のそれは次のように記載されている。

「総合政策学部は『実践知』を理念とし、『問題発見・解決』を重視する学生を求めます。問題を発見・分析し、解決の処方箋を作り実行するプロセスを主体的に体験し、社会で現実問題の解決に活躍することを期待します。したがって、入学試験の重要な判定基準は、基礎学力に裏付けられた、自主的な思考力、発想力、構想力、実行力の有無です」となっている。

では、二〇二三年度のＳＦＣの総合政策学部の「総合型入試」の概要（環境情報学部も同様）を見てみよう。なお、ＳＦＣは今も「ＡＯ入試」の名称を使用している。

その審査基準を読むと「筆記試験によらず書類選考と面接によって多面的、総合的に評価して入学者を選考する」と記載されている。

入試は一次選考と二次選考の二段階だ。一次選考では提出された書類や資料が審査される。書類は「志望理由・入学後の学習計画・自己アピール」などだ。文章なら二〇〇〇字以内。また、Ａ４サイズ二枚以内の自由記述でもよい。この一次選考が免除される受験生もいる。ＳＦＣが対象とするコンテストで所定の成績を収めた受験生だ。「三田文学新人賞」の最終候補者、「日本数学オリンピック」の予選Ａランク者、「全国高校生マイプロジェクトアワード」の文部科学大臣賞を始めとする受賞者、「全国高校生ドイツ語スピーチコンテスト（第三部）の最優秀受賞者、「高校生バイオサミットｉｎ鶴岡」の入賞者などである。

早稲田大学（写真）では、法学部や商学部などで総合型選抜「地域探究・貢献入試」が行われる。

二次選考はオンラインか大学での対面による面接試験だ。高校時代の学びの成果を十分に評価してくれる入試方法といえる。

都内の私立中高一貫校の教員は、次のように述べている。

「探究活動などで自分が好きなことに夢中で取り組んでいる生徒の多くが、基礎学力の大切さに気づき始めます。そして、授業に真剣な表情で取り組むようになるのです」

「総合型入試」によって主要教科の学びが疎かになるとはいえない。その逆のケースも多いのだ。

Column4

『スタッフは働きやすさ、生徒は居心地の良さ、保護者からは信頼』

塾のほとんどは個人塾から生徒数人のスタート。しかも部屋を借りるのではなく、自宅の一室か離れなどを教室に使っていた。それで生徒があふれるまで我慢に我慢をして規模が大きくなっていった……。

今では、内装やコンセプトなどにこだわり、スタッフも生徒も居心地の良い空間作りが当たり前になってきた。トイレは男女別で、飲み物やスナック菓子まで用意してある塾もある。また、図書館的に参考書や問題集が使い放題、そして個学のできる自分だけのスペースまで用意されていたりする。しかし、いくら学習環境が変わっても、塾の教育理念や指導の姿勢は変わらない。

新型コロナの感染拡大で、リアルとリモートの二刀流がスタンダード化されたが、改めて塾の原点はリアルな指導と刺激のある仲間との時間だと保護者は感じた。

合格実績優先ではなく、生徒それぞれの人生をより良くするための学びができる学習空間作りが、これからどう変化していくのか？ 会話や相談のできるAIロボットがいたり、色々な自動販売機があったり、もしかしたら予想できない奇想天外なものにあふれているかもしれない。付加価値の競い合いで塾の質がさらに高まることを祈念したい。

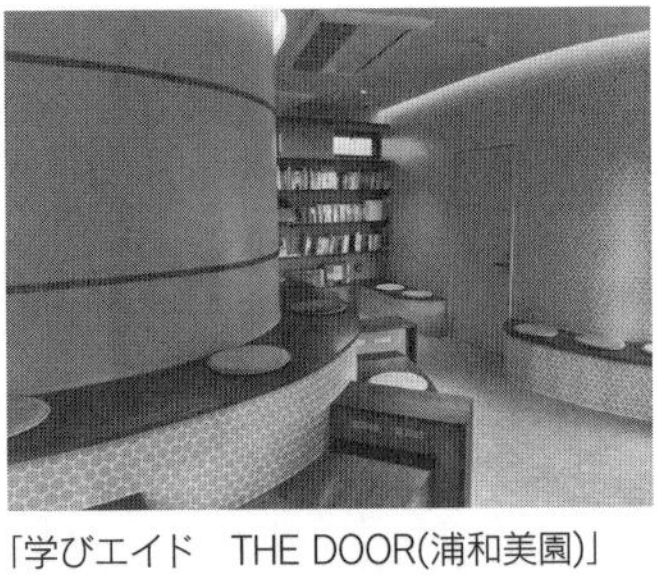

「学びエイド　THE DOOR(浦和美園)」

Chapter 7

特集特別編1
教育という仕事の現状と今後の課題

千葉誠一

特集特別編2
学習塾でのチャットGTPの活用法とメリット

鈴木博文

教育という仕事の現状と今後の課題

千葉誠一

◆少子化は解決しない

ここ数年、新型コロナ感染対策のため、教育の世界も様変わりした。学校が休校になのと同時に塾も休校もしくはリモート授業や映像配信が、リアル指導に取って変わったのだ。その代わり、教育ＩＣＴは飛躍的な進歩と教育界への浸透を見せた。元々デジタルと教育の相性は悪いわけではなかった。ただ新型コロナ感染対策でオンラインが拡大されたせいで数年進歩が早まった。

しかし、繰り返すようだが、教育の現場において保護者からの要望の大多数がリアル指導であった。このため、学校も塾もリアルとリモートの二刀流が当たり前となった。すでに出生率は１・３９と過去最低を記録し、学年人口は八〇万人を切った。少子化の解決の見込みは極めて薄い。

国はようやく少子化対策として、「異次元の少子化対策」と銘打ち財源の確保に躍起だが、具体的にはどのように解決していくのか不透明である。解決しないという前提で、教育の世界も対策を高じていかなければならない。

教育は「国家百年の計」、最優先課題であるべきなのだが、日本はいま危機に直面している。せめて、いま目の前で学ぶ子どもたちの未来に向けて、学習塾業界の指導者が最良の教育を与えるべきであろう。

◆全員が教室長候補で人材不足を解決?!

大手塾や異業種からの参入塾においては、ChatGPT

をはじめとしたＡＩを活用する進路指導や効率的な指導が進化している。また、学びエイドマスターのメタバース展開のように「仮想空間」での自立学習や24時間質問対応などが常識化していく傾向にある。人間は何をすべきか？　が改めて問われる時代といえる。

　そのような時代においては、リアルな校舎での新規開校ではなく、オンライン開校が有効でもある。予算や設置期間を大幅に縮小できるし、人材不足も解決できる。既存校は統廃合されていく可能性が高くなる。しかし、指導の現場において、依然として保護者の八～九割はリアルな指導を望んでいる。リアルな指導を実際の教室で行う場合でも、リモートにすぐ切り替えできるハイブリッド型校舎が望ましい。アナログ残留とデジタル進化の踊り場だが、新型コロナ感染の拡大でその進化が早まっており、今後揺り戻しや反動もあるはず。迷走の先にあるのは形態だろうか？

◆塾の原点とは？

　どんな塾も一人もしくは数人の生徒から指導が始まった。その時の塾長の想いは何だったのだろう？自分の子どもを教えるような気持ちではなかったか？　塾の中には、「塾の生徒は家族」という気持ちで規模を大きくしないところもある。だからといって、大手塾になったら生徒を大事にしないということではない。そのために教育理念や指導方針がある。毎日の業務の前に朝礼を行い、そうした教育理念を復唱している塾も少なくない。

　塾に限らず教育という仕事においては、指導する人間は、子どもたちの未来に貢献しているという強い意識と誇りを胸に行動すべきである。改めて適材適所でそれぞれの役割を全うできる塾であれば、絶対に衰退することはない。教育があるかぎり子どもたちの未来は消えない。

学習塾でのチャットＧＰＴの活用法とメリット

鈴木博文

◆突然現れた未来の技術

チャットＧＰＴは、突然目の前に現れた。少しでも試してみた方は感じたと思うが、ＳＦの世界の様な未来の技術が、だれでも使える技術として登場したことが驚異である。その威力は、ある意味で破壊的である。超大企業のGoogleでさえビジネスへの影響を懸念し、非常事態を宣言したことが、二〇二二年末にニューヨークタイムズによって報じられた。Microsoftは、検索分野での巻き返しを図るために、１兆円を超える追加投資を行う事を発表した。

チャットＧＰＴは、様々な業界に大きな影響を及ぼす可能性が大きい。数年前に話題になった「一〇年後に無くなる職業」が、現実的になるほどの破壊力がある。この破壊力は、教育業界にも広がるだろう。この技術を、味方に付けるか、傍観するかで経営の命運を分けるかもしれない。本稿では、教育分野での活用場面をいくつか示し、学習塾にとっては両刃の剣となる可能性を述べ、そうならないための一つの案を提示してみたい。

◆チャットＧＰＴのおさらい

一般的なウェブサイトの検索は、検索キーワードが含まれるサイトを列挙して表示するので、一つひとつをクリックして内容を検討し、自分の目的に合った情報を整理し直すという使い方になる。これに対してチャットＧＰＴは、検索枠に「チャットＧＰＴとは何ですか？」のように文章を入力すること

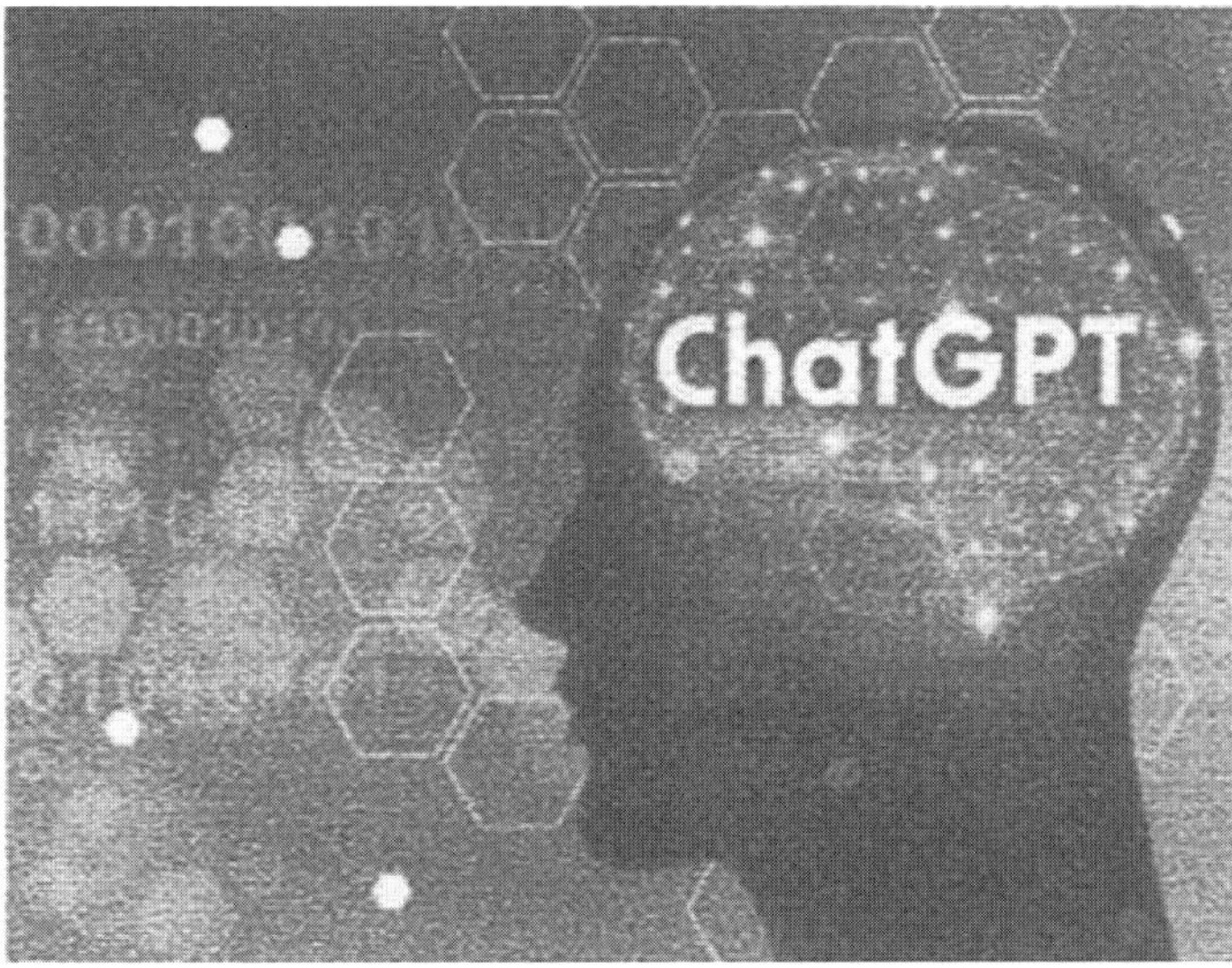

AIを誰でも使えるようにしたチャットGPT

で、次の様に文章で返してくれる事に特徴がある。（以降、太字はチャットGPTの回答とする）

チャットGPTは、自然言語処理技術の一種で、OpenAIが開発した自然言語生成モデル「GPT(Generative Pre-trained Transformer)」を用いて、対話形式で文章を生成するシステムのことです。

GPTは、大規模な文章データを用いて事前学習されたニューラルネットワークモデルで、自然言語生成や文章分類、文章生成などのタスクに優れた性能を発揮します。一方で、チャットGPTは、GPTをベースに、ユーザーとの対話を通じて、より自然な文章を生成することに特化したシステムです。

利用者が行うのは、質問文の入力だけなので、誰でも簡単に使うことができる。返文章にはぎこちなさは全くなく、むしろロジカルに書かれているので読みやすい。原稿用紙数十枚程度の文も一時間あれば作れるので、そのまま使いたい誘惑にかられるが、内容の正確さは保証していないため、自分で内容を

大人と一緒に使うことが大事な段階

確認する必要がある。また、回答文の中に、膨大なデータからの引用が含まれる可能性もあるため、著作権的にはそのまま使うという考えはしない方が良い。天才的なアシスタントを得たと考えて、補助的に使うのが基本だろう。このことを念頭に置いて、以下の文を読んで頂きたい。

◆生徒に対しての学習指導やアドバイス

チャットGPTに対して、「対象の子どもの学年」「苦手な教科と現在の偏差値」「目標とする偏差値」「残された期間」などの情報を入力すると、「基礎知識の確認」「過去問題の分析」「学習計画の策定のポイント」「学習時間の確保」「学習の質の向上」「定期的な自己評価」などの項目に分けて、それぞれについてアドバイスを返してくる。入力する項目は決まっているわけではないので、いろいろと試してみるとい い。

専門教科以外の教科に対しても生徒にアドバイスしたいとき、そのポイントを知るときも使えそうだ。たとえば、国語が専門で無い場合、生徒や親から「記述形式の問題が苦手だけれどどうしたら良いか？」と相談されたらすぐに答えられるだろうか？こんな時に、チャットＧＰＴに問いかけると、たとえば、「問題文を読み込む練習」「模範解答の分析」「論理的思考力を養う」「練習を繰り返す」の四つの視点から具体的なアドバイスを提示してくれる。「自分の専門ではないから国語の先生に聞いて」と答えるのではなく、少しの手間をかけて調べることで、講師自身のスキルアップにもつながるはずだ。

ＤＸ（デジタルトランスフォーメーション）に関する教材を作る仕事が入りそうだったため、試しにチャットＧＰＴを使って構成（目次）案を作り、それぞれの項目の内容についての文章を作らせたところ、原稿用紙約三五枚分を、たった二時間で作り上げることができた。『まえがき』や『あとがき』も含めてである。驚異的な速さだ。内容を読み返しても、これで十分ではないかと思わせる筆力もある。ただし、本当にこれで良いかは私自身がＤＸの専門家ではないのでわからない。出来上がったものを初稿として考え、ここから正確性を調べて修正し、内容を補足する作業が必要となる。それでも、内容の精査に早く取り掛かれるメリットは大きい。

◆問題作成への活用

問題作成をチャットＧＰＴに手伝ってもらうというアイデアはすぐに浮かぶだろう。いくつかの教科で試してみると分かるが、うまくいくかどうかは『質問の質』に左右される。

たとえば、「分数と小数が混ざり、カッコのある計算問題を作れ」と入力したところ、すぐに、次の3問を返してきた。

$$(2.5 + 1/4) \times 3 - 1/2 =$$

$$(1/2 + 0.75) \div (0.25 + 0.5) + 1/4 =$$

$$4 - 1/2 \times (5-1/2) \div 2 =$$

「一〇問作れ」と要求すれば、あっという間に一〇問を返してくる。問題を作った経験がある方ならわかると思うが、自分が使う数字には無意識にある傾向が出てしまい、そこを意識しながら問題をつくることは、結構面倒である。チャットＧＰＴに問題を作らせて、その良し悪しや、問題に取り組ませたい目的に合っているかどうかを検討する立場に立てば、より意味のある問題を効率的に作れるだろう。その意味付けを、入力文の中に加えても良い。ただし、正解も表示させてみたところ、答えが間違っているケースもあった。ここでも内容の吟味は必要となる。歴史の問題の場合は、使い方によっては利用できそうだ。例えば、「太閤検地」に関する問題作成を要求すると、次の三問を選択式で返してきた。

問題1：太閤検地について正しい説明はどれか？
問題2：太閤検地によって改革された税制はどれか？
問題3：太閤検地によって改革された経済政策はどれか？

返してくるのは問題だけではない。例えば問題2では、次の様に選択肢が用意され、正解と解説も表示された。

a）武家諸法度 b）徳川幕府の寺社奉行制度 c）寛永通宝の鋳造 d）石高制
正解：d）石高制
解説：太閤検地によって改革された税制は、石高制です。石高制は、土地の面積や収穫高に応じて課税する制度で、江戸時代を通じて広く使われました。

理科も問いかけによっては、問題つくりの支援ツールになるだろう。全ての教科に言えることだが、自分とは違う視点で問題を提示してくれるため、新たな気づきが生まれるという点がメリットだ。講師のスキルアップに活用できると言う事である。

◆指導案の作成

指導案作成の補助ツールとして使う場合、普段の自分が見落としていた点が盛り込まれる可能性がある。試しに、中学入試対策における月食についての指導案を要求すると、「学習目標」「学習内容」「学習プラン」に加えて「評価方法」まで示してくれた。例えば、「学習プラン」の一部として、次の様な内容として返してきた。

1．月食の定義と原因について学習する。
・月食とは何か、なぜ起こるのかについて説明する。
・月食の起こり方についてデモンストレーション

問いかけ方で回答の質が大きく変化するチャットGPT

を行う。

2．月食の種類について学習する。

・部分月食、半影月食、皆既月食のそれぞれの特徴を説明する。

・それぞれの月食の起こり方についてデモンストレーションを行う。

3．月食が起こる時期や見え方について学習する。

・秋分や春分の時期に月食が起こる理由を説明する。

・月食が見える地域や時間帯について説明する

（以下省略）

対象を中学生として、指導時間の配分まで要求すると、生徒同士の意見交換の時間も含めて各項目の時間配分を表示してくれる。それが適切かどうかの検討は必要だが、指導案の中に、「月食の種類や歴史的背景についての説明」「過去の月食の観測記録や、月食に関する有名な言い伝えなどの紹介」などが提示されると、勉強になると感じる講師も多く現れるのではないか。

AIが描いた浮世絵風の絵

◆探究心を育てるツールとしての活用

チャットＧＰＴを使って内容を深堀りしていくことによって、受験に合格するための学習ではなく、興味を広げ、将来につながる何かを得るための学習に変化していく可能性がある。志望校への合格は、その過程での結果の一つとなる。

探究心を育てる使い方の例をあげてみよう。たとえば、中学受験の理科の題材に取り上げられる「風媒花と虫媒花」についてチャットＧＰＴに次の様な質問をしてみる。

Ｑ１：風媒花と虫媒花の特長を教えてください。

その回答から疑問や好奇心が持てれば、次の様に質問を発展させることができる。

Ｑ２：美しい花が虫媒花であると考えていいですか？

Ｑ３：虫はどうやって蜜があるかどうかを見分けているのですか？

Ｑ４：風媒花の花粉はどのくらいの距離を飛行しますか？

Ｑ５：花粉に集まる虫にはどのようなものがありますか？

たとえば、Ｑ５に対して、チャットＧＰＴは次の様に返してきた。

「花粉に集まる虫には、ハチ、バッタ、チョウ、トンボ、カメムシ、アブ、ハエなどが挙げられます。これらの虫は、花粉が豊富な花に集まり、花の蜜を採取したり、花の上で生活したりすることがあります。また、一部の虫は花に産卵するために集まったり、花を宿泊所として利用することもあります。」

回答の「産卵」に注目して、次のように質問を続けてみた。

Ｑ６：花に産卵する虫は何ですか？

これに対する回答は、次の様になった。

「花に産卵する虫には、ハナムグリ、ハナカミキリ、ハナアブ、ハナミドリバエ、ハナカンザシノミ、ハナハゲワシノミ、ハナノメイガ、～（中略）～これらの虫は、花の中に卵を産み、孵化した幼虫が花の中で育つことで生活を維持しています。一方で、花に産卵されることで花が傷ついたり、花の成長や繁殖に影響を与えることもあります。」

短時間の中で、興味を広げて行ける可能性を感じていただけたろうか。

◆チャットGPTをどうとらえるか

チャットＧＰＴを塾の指導に役立て、他の塾との差別化のためのツールとして、既に調査を始めている塾や学校での経営者や先生もいると思う。最初のうちは、チャットＧＰＴの活用塾であるということだけでも、差別化をアピールできるかもしれないが、それが続くのはそれほど長い期間ではないだろう。先に述べたように、誰でも使えるインタフェースではあるがゆえに、塾に通わないという選択肢も登場する。

チャットＧＰＴに対して、問いかけたい内容を明確に持ち、それを的確に文章で表現できなければ使いこなすことはできないので、このノウハウをわかりやすく伝えるサービスも登場するだろう。私自身も、チャットＧＰＴを中学受験に活用するアイデアを紹介するブログの準備をしている。こういった流れを、あまり甘く見ない方がいい。今は、先が読めない時代だ。その理由の一つとして、ＡＩを中心としたテクノロジーの急速な進歩がある。新たな技術が登場し、それがチャットＧＰＴと組み合わされたときに、一気に他をしのぐサービスとして効果を発揮するかもしれない。たとえばメタバースに利用されたとき、そこに広がる世界には可能性があふれている。私は、二〇一八年からロボットを先生にする取り組みを続けているが、既にチャットＧＰＴのロボット先生への搭載に取り組んでいる。

◆子どもへの影響

子どもが使ったときに、「自分で考えなくなるのではないか」という心配があるかもしれない。結論から言うと、使い方次第だ。チャットＧＰＴが返す内容に疑問を持ち、これを突き詰めていくのであれば、かなり頭を使う。既にある物、目の前に提示されたものをスタート地点として、そこから新たなものを生み出す、つまり『1を10にする』ような思考方法を育てるにはチャットＧＰＴは可能性がある。一方で『0を1にする』、つまり何もない状態から苦労しながら新しいものを生み出すための思考には影響があるかもしれない。

仮に学校の現場でチャットＧＰＴの使用を制限しても、学校を離れてしまえば、自由に使えてしまう。そうであるなら、使いこなすことを教えたほうが良いのではないか。いずれにしても、チャットＧＰＴと子どもの関りは、これから始まることなので、仮説をもとにした研究結果を待つことになる。それまでは、利用する人の考えのもとに、大人の指導の下に使っていく方が良いだろう。

◆新たな教育サービスの創出

コロナ禍によって、塾に通わなくてもオンラインで学習するという流れも出てきた。オンライン学習のしくみを塾に望む家庭がいる一方で、リアルな授業を希望する親は八割以上いると聞く。その理由の一つは、学習の習慣化は、子どもに任せたのでは難しいだろうという心配だろう。他の多くの子供が通っている塾の中に、自分の子供が属していないという不安感もあるだろう。また、塾で提供される以上の情報を得られるかどうかという心配もある。

これらのことを踏まえると、チャットGPTの活用によって、通塾のメリットを充実させる選択肢が考えられる。塾における普段の学習の中で、チャットGPTの使い方を教え、探求心を育てながら自学自習をする力を育て、学習の習慣化を身につけさせるというイメージだ。前の節で述べた、「風媒花と虫媒花」であれば、次の様なコースづくりができる。

1．今日のテーマの「風媒花と虫媒花」の概要を短く説明する。

2．最初にチャットGPTに問いかける設問を提示する。

　例)「風媒花と虫媒花の特長を教えてください。」

3．最初に投げかけた質問の中から興味を持った内容を各自の言葉で入力させ、その回答に対してさらに質問させるということを一定時間繰り返させる。

4．分かったことを発表させ意見交換をする。

5．まとめとして、演習問題をやらせる。

これは一つの案に過ぎないが、学習に主体的に取り組み、探求心を育てることができそうだ。子どもならではの面白い発想が飛び出せば、周りの子どもにもプラスの影響を及ぼすだろう。理解できなければ授業に参加できない（ついていけない）ということも少なくなり、自分に向いた教科や興味ある分野に気づくかもしれない。

『教えない塾』というやり方も受け入れられる時代である。チャットGPTを活用した教育のしくみを考え、子どもにとっても親にとっても、もちろん講師にとっても、それぞれにメリットがある新しい教育サービスを世に送り出すチャンスだと思うが、いかがだろうか。

ユニボ先生＋チャットGPT

Column5

「塾講師？予備校講師？」後編（前編はP.54）

◆「予備校の塾化」とは？

このように実は塾と予備校は似て非なるものなのですが、近年では「予備校の塾化」が進んでいるともいわれます。少子化の影響で予備校は縮小を続け、１クラスあたりの生徒数もかつての数百人といった規模は珍しくなってきました。「予備校らしさ」なるものは今後ますます失われていくでしょう。今の高校生たちは、たとえ予備校に通っていても「今日は塾の日」「塾行ってくる」と表現します。もはや塾講師と予備校講師の区別など意味のない時代が、すぐそこまで来ています。

■鈴木悠介氏 profile

●予備校講師（世界史）・教育系YouTuber。東京都出身。早稲田大学在学中より塾で世界史を教え始め、卒業後に予備校講師となる。現在は各地でのライブ授業に加え、オンライン予備校「ただよび」、「学びエイド」など、全国配信の映像授業でも活躍中。さらに早大受験専門の「早稲田合格塾」、学校内予備校の「RGBサリヴァン」、公務員試験対策の「アガルートアカデミー」などでも講師を務める。

●また、2019年に開設した教育系YouTubeチャンネルも好調で、YouTuberとしての活動も本格化。同チャンネルでは、世界史の勉強法・参考書の使い方などの受験コンテンツを中心に、世界史の朗読や雑学ネタ、さらには予備校業界関係者との対談など豊富なバリエーションの動画を公開している。

●おもな著書に『高校世界史をひとつひとつわかりやすく。』『世界史単語の10秒暗記 ENGRAM2250』『イチから鍛える世界史[入門編・必修編・発展編]』（いずれもGakken）、『世界史用語 マルチ・トレーニング』（旺文社）、『超効率！世界史年代サーキットトレーニング』（かんき出版）、『カリスマ講師の日本一成績が上がる！魔法の歴史総合ノート』（KADOKAWA）などがある。

●鈴木悠介オフィシャルサイト　https://www.suzuyuu.com/

Chapter 8

主要な学習塾業界の企業データ

【本書の企業データに関して】

本書に掲載している各社のデータは、弊社が独自に行ったアンケートや各社のホームページ等に公表されているデータを元に作成してあります。

練成会グループ

練成会グループ総本部

●**塾名**：練成会, 練成会プラス, 個別指導「3.14…」, 東進衛星予備校,
東進中学NET,四谷大塚NET,練成会オンライン,
東京インターナショナルスクール
●**法人名**：株式会社 れんせい,株式会社 練成会,
キョウリョク株式会社,株式会社 ごうかく
●**本社**：〒060-0808 北海道札幌市北区北8条西5丁目
練成会グループ本部ビル6F 総本部
☎011-707-6106　FAX.011-700-1153
●**URL**：http://www.renseikai.com/
●**e-mail**：recruit@rensei.co.jp
●**代表者**：代表取締役会長 奥山英明(おくやま·ひであき)
●**創業**：1977年(法人設立1984年6月)
●**従業員数**：〈正社員〉507名
●**資本金**：3500万円
●**売上高**：89億9670万円(2021年度実績)
●**生徒数**：2万4千名
●**事業内容**：小·中·高校生対象の集団指導学習塾,個別指導学習塾,予備校の運営。
●**事業所**：北海道·山形県·青森県·宮城県28都市223会場
●**職種**：総合職(①集団指導,②個別指導)
●**初任給**：院卒·大卒22万円,短大卒20万円　●**賞与**：年間2〜4カ月(年2回)
●**30歳モデル賃金**：月額34万円(既婚·主任)
●**勤務時間**：13:00〜22:00
●**休日休暇**：年間110日(夏期休暇·冬期休暇·年末年始休暇·GW休暇あり),週休2日制(日曜日,その他1日),有給休暇
●**福利厚生**：社会保険完備(厚生年金保険,健康保険,雇用保険,労災保険),退職金制度,企業年金制度,定期健康診断,
契約保養施設 他
●**女性の待遇**：産休実績㊒,育休実績㊒,女性再雇用制度㊒

○**採用実績と予定**	大卒(男女)		大卒(男女)
19年実績	30名	22年実績	23名
20年実績	30名	23年実績	17名
21年実績	22名	24年採用予定30名	

○**採用実績校**：北海道,小樽商科,北海道教育,室蘭工業,帯広畜産,北見工業,釧路公立,北海学園,北星学園,札幌,札幌学院,藤女子,東京,新潟,東京外国語,東京女子,筑波,高崎経済,弘前,慶應義塾,早稲田,明治,中央,東洋英和,獨協,上智,学習院,日本,明治学院,神奈川,青山,同志社,立命館,北里 他

○**新卒採用形態**：春一括　○**中途採用**：有(通年)　○**採用試験科目**：適性検査,面接

○**資料請求先**：本社所在地に同じ　事業推進部

○**採用担当部署／担当者**：人事部／矢幅,八島 ☎011-707-6106

ひと言わが社自慢　『心と創造』という創業の理念を基本精神として,当社は創業47年を数えます。

おかげさまで当社は北海道·東北において生徒数では最大規模の塾となっています。このことは『熱意あふれる親身な指導』を塾部門のモットーとして掲げ,いち早く講師の社員化を進め,講師の質·授業の質の向上に徹底的に取り組んできた成果と考えています。この学習塾部門を柱としながら,今後は教育に関する幅広い分野においてこれまで以上に地域に貢献できる企業体としての成長を目指します。

教育分野において最も重要な要素は,人そのものです。人の熱意と,そこから生まれてくる感動です。日々,喜怒哀楽を感じながら,自分の能力を高めたい,「やりがい」のある仕事をしたい,という人とぜひ一緒に仕事をしていきたいと思っています。

株式会社ヒューマレッジ　木村塾グループ

●**塾名**：小・中生指導 木村塾，木村塾 東進衛星予備校，個別指導ハーベスト，私立中学受験シード

●**法人名**：株式会社ヒューマレッジ

●**本社**：〒530-0057 大阪市北区曽根崎2-12-7 清和梅田ビル11F（大阪メトロ東梅田駅直結）☎06-6316-0777　FAX.06-6316-0778

●**URL**：https://www.kimurajuku.co.jp/　●**e-mail**：info@kimurajuku.co.jp

●**代表者**：永瀬昭幸（ながせ・あきゆき）

●**創業**：1986年（法人設立1989年）　●**従業員数**：〈正社員〉145名

●**資本金**：1000万円　●**売上高**：27億円（22年5月期実績）

●**事業内容**：小・中学生指導の進学塾，大学受験予備校，個別指導塾・私立中学受験指導

●**事業所**：兵庫県（尼崎市・伊丹市・西宮市・宝塚市・川西市），大阪府（池田市・豊中市・吹田市）に34拠点

●**職種**：小・中学生講師，東進衛星予備校教室スタッフ，個別指導教室スタッフ

●**初任給**：22万円　●**諸手当**：時間外手当・責任者手当・家族手当 他

●**30歳モデル賃金**：月給32万円＋賞与（年収540万円）　●**賞与**：基本給5カ月分（平均）

●**勤務時間**：13:30～22:30（実働8時間）

●**休日休暇**：年間休日110日（18年実績）＋有給休暇／初年度10日・最大20日

●**福利厚生**：各種社会保険完備，退職金制度，出産・育児休暇制度など，〈保養所〉ホテルエクシブ会員

●**教育制度**：DMC研修（人前で話をする上でのトークスキル研修），教務研修（授業技術に関する研修），コーチング研修（日本青少年育成協会主催のコーチング研修に参加）他，進路・生徒指導研修，OJTによる実務研修など

●**女性待遇／女性の最高役職**：育休後等の短時間勤務制度有／高等部部長

○**採用実績と予定**	大卒（男女）
21年実績	9名
22年実績	12名
23年実績	15名

○**採用実績校**：〈五十音順〉大阪，大阪市立，大阪教育，大阪女学院，岡山，金沢，関西，関西学院，関西外国語，京都大学院，京都女子，京都府立，甲南，神戸，神戸学院，神戸女子，東京学芸，同志社，奈良女子，佛教，武庫川女子，立命館，早稲田，慶應 他

○**新卒採用形態**：通年採用　○**中途採用**：あり　○**採用試験科目**：適性検査・面接・専門教科

○**資料請求先**：本社所在地に同じ

○**採用担当部署／担当者**：運営統括部／義根（よしもと）☎06-6316-0777

ひと言わが社自慢　弊社は創業以来「勉強が苦手な子，普通の子が成績の上がる塾」そして，「生徒達が人として成長できる塾」を教育理念としてきました。この理念を進化・深化させながら，「理想の塾創り」として位置づけ，本気で取り組んで参りました。

特に近年は，「人生の勝利の方程式七カ条」（本編の内容参照）を軸にした取り組みが成果を出しています。これまでは，勉強もあまりできる方ではなく「自分はこれくらいの人間」と限界ラインをひいてしまっている子どもたちに，信念を持って「未来はいくらでも変えることができる。」ことを生徒達に語り続けます。また，「何のために勉強をするのか」「勉強を通して得られる人としての成長が何であるか」，そういった根源的な事柄について理解・体感することで，生徒達は自身のあり方を根本から変えていきます。そうして，変わった子たちは自ずと成績もぐんぐん伸び始めます。こうした子どもたちが，多く出せていることは弊社の一番の自慢です。

これまで築いてきた基盤を元に木村塾を更に深化させ広めていくことが，より多くの子どもたちを幸せにし，また社会に貢献できる人材をより多く輩出することに繋がる，こうした使命感と壮大な夢をやりがいとして仕事ができる会社です。

株式会社アバロンテクノロジーズ

●**法人名**：株式会社アバロンテクノロジーズ
●**本社**：〒162-0822 東京都新宿区下宮比町2-28
飯田橋ハイタウン927
☎03-5934-7286
●**URL**：https://avalontech.co.jp/
●**e-mail**：info@avalontech.co.jp
●**代表者**：鈴木昌博（すずき・まさひろ）
●**法人設立年**：2011年
●**直近の売上高**：4500万円
●**事業内容**：学校向けITC教材の開発
●**事業所**：〒162-0822東京都新宿区下宮比町2-28飯田橋ハイタウン927
●**職種**：アプリケーション開発エンジニア
●**諸手当**：交通費、在宅勤務手当、通信手当、出張手当、宿泊手当、その他
●**賞与**：年2回
●**30歳モデル賃金**：600万円（社内ベンチャーで変動あり）
●**勤務時間**：9:00～18:00（フレックスあり・プロジェクトによって異なることもあります）
●**休日休暇**：土日祝
○**採用担当部署／担当者**：人事部／鈴木 ☎03-5934-7286

会社紹介 当社は、ICT教材の開発に特化した少数精鋭の企業です。私たちは、お客様にとって最良のパートナーであることを目指し、高品質な「ベストプロダクト」を提供しています。また、お客様のニーズに応じて機能をアップし、常に満足度向上を追求することで、お客様から高い信頼を得ています。

当社が提供するICT教材は、STEAM教育を中心に、高校生向けの「情報Ⅰ」など、幅広い教育現場で採用され、多くのお客様から信頼を得ています。また、3Dスキル、プログラミング教育、ICTリテラシーなど、多様な分野で、革新的かつ先進的な教材を提供しております。

私たちは、これから一緒に未来を切り開いていく方を募集しています。入社当初は外部プロジェクトで開発スキルを磨いて頂きながら、教育システムの企画・立案をお願いしています。これは、社内ベンチャー制度として、オリジナルの自社プロダクトを企画提案するものです。企画が社内で承認されれば、あなたが事業部長となり、本社で開発・運用を行います。開発・運用は会社がバックアップします。また、企画商品の売り上げに応じて年収を保証します。自分のアイデアを世の中に出すチャンスです。ユニークな企画で日本の教育を変革し、自分の夢を実現しましょう。

株式会社 エムプランニング情報システム

●**法人名**：株式会社 エムプランニング情報システム
●**本社**：〒105-0003 東京都港区西新橋1-9-1 ブロドリー西新橋4階
●**URL**：https://www.mplanning-info.com
●**e-mail**：mp-support@mplanning-info.com
●**代表者**：南 勲(みなみ･いさお)
●**創業**：2006年4月6日
●**従業員数**：〈正社員〉10名
●**資本金**：1000万円
●**事業内容**：塾･教育に関するシステム、ソフトウェアの開発並びに販売
●**事業所**：本社所在地

紹介した機能以外にも、塾運用の希望に合わせたカスタマイズも可能、塾独自のシステムとしての開発も承っている。自社で開発すると膨大なコスト、時間がかかってくるが、Growの既存の機能を生かし、長年の塾運用実績を元に、塾独自のスタイルに合わせた開発ができるため、リスクが少ない。

システム開発にお困りであれば、相談する先として最適だ。

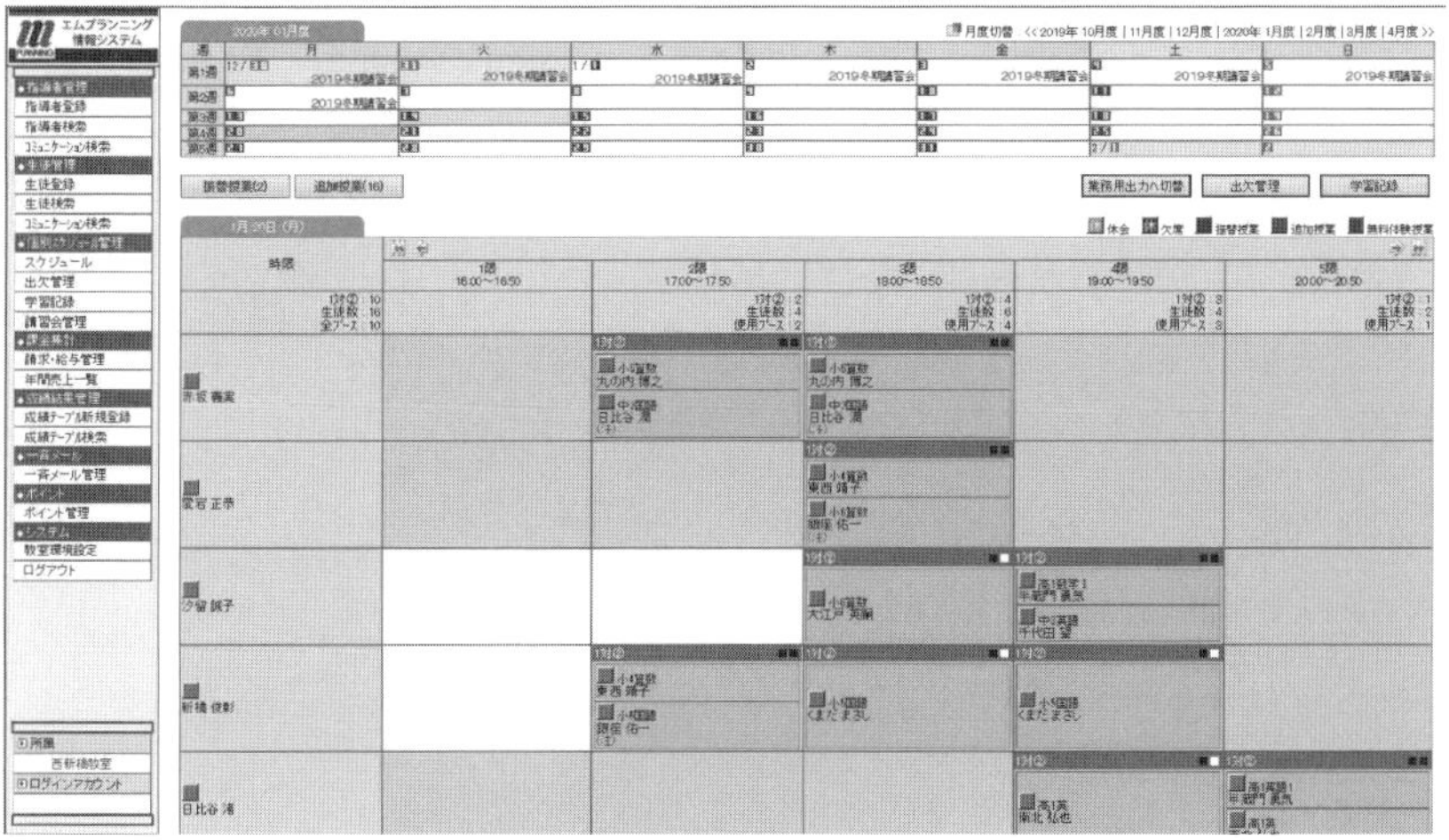

有限会社 **ソリューションゲート**

●本社：〒116-0013 東京都荒川区西日暮里2-25-1ステーションガーデンタワー808
☎03-6806-6400 FAX03-6737-1367
●URL：https://sgate.jp/index.html　https://sg-8.com/pr/
●e-mail：suzuki@sgate.jp
●代表者：鈴木博文(すずき・ひろぶみ)
●創業：平成15年12月18日
●法人設立：平成15年12月18日
●資本金：1,500万円
●事業内容：各種教育コンテンツの企画・制作・販売
●事業所：本社と同じ
●職種：サービス業
●関連企業：株式会社エデュゲート　https://edugate.co.jp/#company

ひと言わが社自慢

弊社は、「教育」をキーワードにして各種教育コンテンツに取り組んでいる会社です。教育用動画制作においては、約15,000本の実績があり、内容の企画・執筆から撮影・編集まで一貫してできることを特長としています。扱う分野は、塾・学校関係が中心ですが、建設業関係も手掛けており、教育をキーワードにした内容であれば、職種に関係なく、企画からお請けすることができます。

2018年からは、ロボットが子どもに勉強を教える先生ロボットの実現に取り組み、2020年6月に「ユニボ先生算数教室」をリリースすることができました。ロボットを補助的に使うのではなく、「ロボットが完全に学習内容を教えきることを目標にして開発を継続しています。ユニボ先生は、非接触での学習指導が可能という点が注目され、テレビ・新聞・雑誌などでも取り上げられています。

今の段階でも、ユニボ先生だけで十分に先生の代わりとなって子どもに勉強を教えることができますが、感情を認識し、これに基づいて子どもと会話をし、さらに的確なアドバイスができるようにするには、安価に利用できる今より進んだテクノロジーの登場が必要です。

子どもと自由会話をしながら友達のように付き合い、勉強の時には、良き先生となって子どもに勉強を教えている様子を想像してみてください。それが、今から10年後だとしたら、不可能だと言えるでしょうか?

パーソナルコンピュータの父と呼ばれる、アラン・カーティス・ケイ氏の名言として、次の言葉があります。

「未来を予測する最善の方法は、それを発明することだ」

10年後には、ロボット先生があらゆる教育分野で活躍し、人の先生は人ならではの教育に力を注ぐことができるようになり、さらに、教育レベルの格差も少なくなるだろう、という弊社の予測を実現するために、夢を持って開発に取り組んでいます。

ビジュアルビジョン

●**企業名**：株式会社 ビジュアルビジョン
●**塾名**：こうゆうかん，THE義塾
●**本社**：〒330-0845 埼玉県さいたま市大宮区仲町1-54-3
ビジョナリーIII8階 ☎048-640-4300　FAX.048-640-4512
●**URL**：http://www.visualvision.co.jp
●**代表者**：井沢 隆
●**創業**：1976年（法人設立1985年）
●**従業員数**：2000名
●**資本金**：7860万円
●**売上高**：102億1238万円
●**事業内容**：教育事業，図書出版事業，介護福祉事業，不動産開発・不動産事業，料飲事業，女子向けフィットネス事業，社会福祉法人「カナの会」「チャイルドスクウェア」，映像部門「ビーケア」他

野田塾

●**企業名**：株式会社 野田塾
●**塾名**：野田塾
●**本社**：〒496-0047 愛知県津島市西柳原町3-1
☎0567-24-2603 FAX.0567-24-2616〈名古屋総本部〉
〒461-0004 愛知県名古屋市東区葵3-11-3 ☎052-930-1120 FAX.052-930-1124
●**URL**：http://www.nodajuku.co.jp
●**e-mail**：recruit@nodajuku.co.jp
●**代表者**：野田 真彦
●**創業**：1953年（法人設立1978年）
●**従業員数**：（正社員）185名／男性143名，女性42名（2022年1月）
●**資本金**：9000万円
●**売上高**：34億3513万円（23年2月決算）
●**校舎数**：64教室
●**事業内容**：小学部・中学部・個別指導部・中学受験部・高校部・七田式幼児教室・アカデミアの運営，教育タブレット（nPad）の開発・運営，全国模擬授業大会in名古屋の主催・運営，高校入試に向けた受験講演会の主催・運営 他

うすい学園

●**企業名**：株式会社 うすい
●**塾名**：うすい学園
●**本社**：〒370-0044 群馬県高崎市岩押町21-2
☎027-310-1919 FAX.027-310-1908
●**URL**：http://www.usuigakuen.co.jp
●**e-mail**：saiyo@usuigakuen.co.jp
●**代表者**：柴崎 龍吾
●**創業**：1975年(法人設立1989年)
●**従業員数**：専任109名,非常勤209名
●**資本金**：2000万円
●**売上高**：17億803万円(21年2月期)
●**事業内容**：小・中・高校生の進学塾「うすい学園小中高等部」,幼児・小学生対象の英会話スクール「アイムイングリッシュスクール」,個別指導学院「Will個別指導学院」の経営・運営,大学受験「東進衛星予備校」の経営・運営,公立中高一貫校入試対策「PISA塾」の経営・運営,留学生指導「うすい国際学園」の経営・運営 他

eisu group

●**企業名**：株式会社鈴鹿英数学院,株式会社えいすう総研,株式会社エイスウ
●**塾名**：eisu小中部,eisu高校部(東進中学NET・東進衛星予備校),nice,セイン英語ジム,パズル道場,反復演習ジムeトレ & eドリル,eisu個別指導会E・MEG,東大個別指導会T・MEG
●**本社**：〒514-0006 三重県津市広明町337
☎059-227-6444(代) FAX.059-227-6503
●**URL**：eisuのホームページ http://www.eisu.co.jp
えいすう総研のホームページ http://www.eisusouken.co.jp
●**e-mail**：mail@eisu.co.jp
●**代表者**：山本 千秋
●**創業**：1965年(法人設立1984年)
●**従業員数**：657名(グループ合計)
●**資本金**：1億2000万円
●**売上高**：81億4700万円(18年度)
●**経常利益**：9億1400万円(18年度)
●**事業内容**：小中高生の進学指導・個別指導,自立学習型教育コンテンツの開発・運営,教材の企画・開発・販売,全国民間教育経営者のための経営開発クラブ「エイスウClub」主催・運営,公開模擬テストの主催・運営,スポーツ・文化イベントの主催・運営 他

ウィザス

●**企業名**：株式会社 ウィザス
●**塾名**：第一ゼミナール，ファロス個別指導学院，SUR高校受験合格指導会，MedSUR，第一ゼミ パシード，SUR，SUR大学受験合格指導会，第一ゼミPLS
●**本社**：〒541-0051 大阪市中央区備後町3丁目6番2号 KFセンタービル4F ☎06-6264-4200
●**URL**：http://www.with-us.co.jp/
●**e-mail**：webmaster@with-us.co.jp
●**代表者**：生駒 富男
●**創業年**：1976年
●**資本金**：12億9937万円
●**株式**：公開
●**売上高**：176億3500万円（22年３月期）
●**従業員数**：正社員896名（22年３月31日）
●**事業内容**：中学生等を対象とするICTを活用した学校外での学習機会の提供、社会人（高卒以上）を対象とした各種資格・スキル等取得に向けた支援を行う「高校・大学事業」、幼児から高校生までを対象とする教科学習指導・進学受験指導ならびに能力開発指導などの学力指導を行う「学習塾事業」、社員研修や営業研修の法人向けオンライン教育サービス、アンガーマネジメントの講師育成・企業研修等を行う「能力開発・キャリア支援事業」他

ドリーム・チーム

●**企業名**：株式会社 ドリーム・チーム
●**塾名**：学習塾ドリーム・チーム
●**本社**：〒531-0072 大阪府大阪市北区豊崎3-1-22 淀川6番館303
☎06-6372-5556　FAX.06-6372-5570
●**URL**：http://www.dr-t-eam.jp/
●**代表者**：岩井 俊夫
●**創業**：2004年１月
●**従業員数**：約465名（22年12月・アルバイト含む）
●**資本金**：1000万円（増資準備金2000万円）
●**売上高**：12億2200万円（22年６月期）
●**株式**：非公開
●**教場数**：64教室（2023年１月）
●**展開都道府県**：大阪，京都，兵庫，滋賀，福岡
●**事業内容**：「子どもたちを元気な笑顔にする」を企業理念として、小・中・高の進学個別指導を展開

明光ネットワークジャパン

●**企業名**：株式会社 明光ネットワークジャパン
●**塾名**：明光義塾
●**本社**：〒160-0023 東京都新宿区西新宿7-20-1 ☎03-5860-2111(代表)
●**URL**：https://www.meikonet.co.jp/
●**e-mail**：saiyou@mnet.meikonet.co.jp
●**代表者**：山下 一仁
●**創業**：1984年
●**資本金**：9億7251万円
●**株式**：公開
●**売上高**：196億7400万円(23年8月期)
●**従業員数**：1027名(連結・22年8月末)
●**教場数**：1775教室(22年8月末)
●**展開都道府県**：全国展開
●**塾生数**：9万9682名(2022年時点)
●**事業内容**：「明光義塾」,「自立学習RED」,「ESL club」,「MYLAB(マイラボ)」,「明光キッズ」,「明光キッズe」,「明光サッカースクール」,「ふれたび」,「MEIKO GLOBAL」,「明光キャリアエージェント」,「しんぷる保育」,などの各事業ブランドのフランチャイズ展開

ナガセ

●**企業名**：株式会社 ナガセ
●**塾名**：東進ハイスクール,四谷大塚,早稲田塾 他
●**本社**：〒180-0003 東京都武蔵野市吉祥寺南町1-29-2 ☎0422-45-7011(大代表)
●**URL**：http://www.toshin.com/nagase/
●**e-mail**：jinji@toshin.com
●**代表者**：永瀬 昭幸
●**創業**：1971年(法人設立1976年)
●**資本金**：21億3800万円
●**株式**：公開
●**売上高**：494億0600万円(22年3月期)
●**従業員数**：1391名(連結・正社員のみ)
●**展開都道府県**：東京,神奈川,千葉,埼玉,茨城,静岡,長野,奈良
●**事業内容**：中学受験の「四谷大塚」,大学受験の「東進ハイスクール」「東進衛星予備校」は高い合格実績をあげている。また,3才～12才対象の「東進こども英語塾」,中学生対象の「東進 中学NET」,大学生・社会人対象の「東進ビジネススクール」,総合型・学校推薦型入試に力を発揮する大学受験塾「早稲田塾」などを展開

浜学園

●**企業名**：株式会社 浜学園
●**塾名**：進学教室 浜学園
●**本社**：〒662-0832 兵庫県西宮市甲風園1-5-24 ☎0798-64-1912
●**URL**：http://www.hamagakuen.co.jp/
●**e-mail**：hama-recruiting@hamagakuen.co.jp
●**代表者**：竹森 勝俊
●**創業**：1959年
●**資本金**：5億5000万円（グループ計）
●**株式**：非公開
●**売上高**：110億〈21年6月期・グループ計）
●**従業員数**：492名（グループ計）
●**教場数**：41教室
●**展開都道府県**：兵庫，大阪，京都，滋賀，奈良，愛知，和歌山，岡山，神奈川，東京
●**事業内容**：学習塾の経営（中学受験部門「進学教室 浜学園」，個別指導部門「Hamax」，幼児教育部門「はまキッズ」，大学受験部門「河合塾マナビス」，自学自習部門「はま道場」，海外事業部門「台湾浜学園」），各種模試の実施

リソー教育グループ

●**企業名**：株式会社 リソー教育
●**塾名**：TOMAS，メディックTOMAS 他
●**本社**：〒171-0031 東京都豊島区目白三丁目1-40 ☎03-5996-3071
●**URL**：http://www.riso-kyoikugroup.com/
●**代表者**：天坊 真彦
●**創業**：1985年
●**資本金**：28億9041万円（22年2月28日）
●**株式**：公開
●**売上高**：232億4500万円（グループ計・23年2月期）
●**従業員数**：463名（グループ合計1016名）※22年2月28日時点，準社員やパート，アルバイトを含まず）
●**事業内容**：トーマス（=TOMAS）を直営方式で運営。生徒の学習速度に応じて作成したオリジナルカリキュラムをベースにした 1対1の個別指導方式により，小中高生を対象とした学習・進学指導を行う。またT医学部受験特化型の個別指導塾MEDIC TOMASや御三家・ 最難関中学受験に特化したSPEC. TOMASも用意。さらに（株）伸芽会，（株）名門会，（株）スクールTOMAS，（株）プラスワン教育，（株）駿台TOMASなどのグループ会社を持つスケールメリットを生かし，「個性に即した最善の教育」をテーマに教育分野で事業を展開

市進グループ

●**企業名**：株式会社 市進ホールディングス
●**塾名**：市進学院, 市進予備校 他
●**本社**：〒272-8518 千葉県市川市八幡2-3-11 ☎03-3818-0611
●**URL**：http://www.ichishin.co.jp
●**e-mail**：jinzai@ichishin.co.jp
●**代表者**：三木 健二
●**創業**：1965年(法人設立1975年)
●**資本金**：14億7535万円
●**株式**：公開
●**売上高**：172億9200万円(グループ計・23年2月期)
●**従業員数**：899名、臨時従業員3564名(連結22年2月末)
●**教場数**：500拠点以上
●**展開都道府県**：千葉, 東京, 茨城
●**塾生数**：3万9599名(19年2月)
●**事業内容**：小・中学生向け学習塾「市進学院」, 現役高校生向け「市進予備校」, 個別指導「個太郎塾」, 家庭教師派遣「プロ家庭教師ウイング」, Web授業「ウイングネット」, 小学受験・幼児教育「桐杏学園」, 民間学童施設「ナナカラ」, 茨城県内塾「茨進ゼミナール」「茨進ハイスクール」などの教育事業, 日本語学校, 海外事業, 高齢者向けサービス事業など業態を拡大

早稲田アカデミー

●**企業名**：株式会社 早稲田アカデミー
●**塾名**：早稲田アカデミー
●**本社**：〒171-0014 東京都豊島区池袋2-53-7 ☎03-3590-8311
●**URL**：http://www.waseda-ac.co.jp/
●**e-mail**：waseda-ac17@gakunavi.net
●**代表者**：山本豊
●**創業**：1974年11月(法人設立1975年7月)
●**資本金**：20億1417万円
●**株式**：公開
●**売上高**：285億5108万円(22年3月期)
●**従業員数**：1053名(22年3月期)
●**教場数**：184校(23年4月／早稲田アカデミー174校 , 野田学園１校 , 水戸アカデミー２校 , 集学舎５校, 海外子会社２校)
●**展開都道府県**：東京, 神奈川, 埼玉, 千葉, 茨城
●**事業内容**：小学生・中学生・高校生を対象とした進学塾の経営, 現役教員・教員志望者を対象とした社会人研修事業, 英語英才教育プログラムの開発・運営, 教育・研修コンテンツの販売, 受験情報誌の発刊・イベントの運営, 私立学校・自治体からの受託授業

ベネッセコーポレーション

●**企業名**：株式会社 ベネッセコーポレーション
●**塾名**：進研ゼミ，こどもちゃれんじ 他
●**本社**：〒700-0807 岡山市北区南方3-7-17 ☎086-225-1100（代）
●**URL**：http://www.benesse.co.jp/
●**e-mail**：bc-saiyou@mail.benesse.co.jp
●**代表者**：小林 仁
●**創業**：1955年
●**資本金**：138億1700万円
●**株式**：公開
●**売上高**：3089億1900万円（グループ計・23年3月期）
●**従業員数**：16515名（連結）
●**事業内容**：「進研ゼミ」，「ベルリッツ」，「たまごクラブ」「ひよこクラブ」，高齢者向けホーム及び高齢者向け住宅の運営，他。2018年度から5カ年の中期経営計画「変革と成長 Benesse2022」をスタート。国内の少子高齢化や教育・入試改革、学びの多様化など外部環境が大きく変化する中、「変革と成長」をスローガンに、既存事業の成長とM&Aを活用した新たな事業の拡大を進めることで、ベネッセグループのさらなる成長を目指す

Z会グループ

●**企業名**：株式会社 Z会
●**塾名**：Z会グループ
●**本社**：〒411-0943 静岡県駿東郡長泉町下土狩105-17 ☎055-976-9711（代表）
●**URL**：https://www.zkai.co.jp/
●**e-mail**：saiyo@zkai.co.jp
●**代表者**：藤井 孝昭
●**創業**：1931年（法人設立2000年）
●**資本金**：1億円
●**株式**：公開
●**売上高**：722億6000万円（22年度計画値）
●**従業員数**：2876名（正社員・22年3月末のグループ計）
●**教場数**：919教室
●**展開都道府県**：東京，横浜，埼玉，大阪，京都，神戸
●**塾生数**：34万9634名（会員含む）
●**事業内容**：幼児～社会人を対象にした通信教育，学習参考書・問題集・語学書の出版・販売，進学教室（塾）の運営，映像教材・コースによる教育，模擬試験の実施，国語力検定の運営，教室で直接指導を行う教室事業，出版事業，映像教材の提供など。業務提携により最先端の教育ツールも提供している。たとえばロボット・プログラミング学習キットを組み込んだ新しいサービスや、Z会専用タブレットを用いたコースをリリースしている。

ステップ

●**企業名**：株式会社 ステップ
●**塾名**：ステップ
●**本社**：〒251-0052 神奈川県藤沢市藤沢602 ☎0466-20-8005
●**URL**：http://www.stepnet.co.jp/
●**代表者**：遠藤 陽介
●**創業**：1975年(法人設立1979年)
●**資本金**：17億7800万円
●**株式**：公開
●**売上高**：136億5300万円(22年9月期)
●**従業員数**：正社員886名(22年10月末)
●**教場数**：157校
●**展開都道府県**：神奈川県
●**塾生数**：3万3136名(22年10月末)
●**事業内容**：小5～中3を対象に高校受験をバックアップ。大学受験部門(高校部：高1～高3対象)には個別指導部門もあり，双方向のコミュニケーションを重視したきめ細かい指導で現役合格を応援。2016年には学童保育および保育園の運営もスタート

秀英予備校

●**企業名**：株式会社 秀英予備校
●**塾名**：秀英予備校
●**本社**：〒420-0839 静岡市葵区鷹匠2-7-1 ☎054-252-1510
●**URL**：https://www.shuei-yobiko.co.jp/
●**e-mail**：jinji@shuei-yobiko.co.jp
●**代表者**：渡辺 武
●**創業**：1977年(法人設立1984年)
●**資本金**：20億8940万円
●**株式**：公開
●**売上高**：109億0600万円(22年3月期)
●**従業員数**：677名(連結)
●**教場数**：280校以上
●**展開都道府県**：北海道，宮城，福島，茨城，栃木，群馬，埼玉，東京，神奈川，山梨，静岡，愛知，岐阜，三重，滋賀，大阪，兵庫，福岡，沖縄
●**事業内容**：小･中学生･高校生･卒業生の学習指導･進学指導，個別指導，映像授業動画配信，問題集編集･出版，公開模擬テスト作成･実施

昴

●**企業名**：株式会社 昴
●**塾名**：昴, 受験ラサール, 昴高等部, すばる個別指導
●**本社**：〒892-0846 鹿児島県鹿児島市加治屋町9-1 ☎099-227-9504
●**URL**：http://subaru-net.co.jp/
●**e-mail**：saiyou@subaru-net.com
●**代表者**：西村 秋
●**創業**：1965年(法人設立1972年)
●**資本金**：9億9075万円
●**株式**：公開
●**売上高**：38億4018万円(22年2月期)
●**従業員数**：317名(22年2月)
●**教場数**：67校(鹿児島35校・宮崎15校・熊本９校・福岡３校・沖縄５校)
●**塾生数**：1万1000名
●**事業内容**：年長児・小学生・中学生・高校生を対象とした学習および受験指導 (昴, 受験ラサール, すばる個別指導, 東進衛星予備校(FC), 即解ゼミ127° E), 各種模試 (全九州模試全, 九州学力テスト, 附中模試, その他) , 各種特訓 (夏の集中トレーニング, 正月特訓、入試直前特訓、その他) , 各種検定 (漢検, 英検, 数学検定)

臨海セミナー

●**企業名**：株式会社 臨海
●**塾名**：臨海セミナー, 臨海セレクト, 臨海グローバル
●**本社**：〒221-0056 神奈川県横浜市神奈川区金港町8-8 ☎045-441-3759
●**URL**：https://www.rinkaiseminar.co.jp
●**代表者**：佐藤 博紀
●**創業**：1974年9月(法人設立1980年4月)
●**資本金**：5000万円
●**株式**：公開
●**売上高**：227億円(22年3月期)
●**従業員数**：正社員1454名(22年9月)
●**展開都道府県**：神奈川・東京・千葉・埼玉・大阪
●**塾生数**：6万7018名(22年9月)
●**事業内容**：学習習慣と基礎学力の定着を目的とした「臨海セミナー 小中学部(集団)」,国私立中学校合格を目的とした「臨海セミナー ESC中学受験科(集団)」,難関国私立高校・公立トップ校への合格を目標にした「臨海セミナー ESC高校受験科(集団)」, 現役大学合格を目指す「臨海セミナー 大学受験科(集団)」,小学生から高校生までを対象とした個別指導コース「臨海セレクト(個別)」, 大学生～社会人対象のTOEIC指導専門コースの「臨海グローバル」を用意。その他, 私立高校への委託授業, 学習教材の企画・開発, 英検・数研・漢検の受験支援(文部科学省認可)他

公文教育研究会

●**企業名**：株式会社 公文教育研究会
●**塾名**：KUMON
●**本社**：大阪営業所 〒532-8511大阪市淀川区西中島5-6-6 公文教育会館
☎06-6838-2611（大代表）
東京研究所 〒108-0074 東京都港区高輪4-10-18 京急第1ビル14階
●**URL**：http://www.kumon.ne.jp/ikumon/
●**代表者**：池上 秀徳
●**創業**：1958年（法人設立1962年）
●**資本金**：44億1800万円
●**株式**：非公開
●**売上高**：763億4300万円（22年3月決算・連結）
●**従業員数**：KUMONグループ全体3800名（22年3月）
●**展開都道府県**：日本全国
●**教場数**：国内1万5600教室・海外8300教室
●**事業内容**：算数・数学、英語、国語（母国語）、フランス語、ドイツ語、日本語、書写、学習療法などのフランチャイザーとしての教材の研究開発、制作、指導法の研究、ならびに教室の設置・運営管理。児童書、絵本などの出版および教具、知育玩具など教育関連商品の開発ならびに販売

さなるグループ

●**企業名**：株式会社 さなる
●**塾名**：佐鳴予備校, 啓明館, 中萬学院, 三島進学ゼミナール, 九大進学ゼミ, 城北スクール, スクール21, 大連佐鳴 信息技術有限公司(中国), 佐鳴予備校 バンコク校
●**本社**：〒160-0023 東京都新宿区西新宿3-2-8 ☎03-3347-1376
●**URL**：https://www.sanaru-net.com
●**e-mail**：pers@sanaru-net.com
●**代表者**：佐藤 イサク
●**創業**：1965年4月（法人設立：1980年3月）
●**資本金**：5000万円
●**株式**：非公開
●**売上高**：259億9166万円（22年実績・国内グループ計）
●**従業員数**：1180名(国内グループ計)
●**展開都道府県**：東京都, 神奈川県, 愛知県, 静岡県, 福岡県, 大分県, 佐賀県, 長崎県, 宮崎県, 熊本県, 鹿児島県, 山口県〈海外事業所〉中国（大連）, タイ（バンコク）
●**塾生数**：約7万名
●**事業内容**：小学生・中学生・高校生の学習及び進路指導, 各種講座・模擬試験等の実施, 教育に関する出版事業, 教材制作事業

京進

●**企業名**：株式会社 京進
●**塾名**：京進小中学部, 京進高等部, 個別指導京進スクール・ワン, 京進ぷれわん, ユニバーサルキャンパス 他
●**本社**：〒600-8177 京都府京都市下京区烏丸通り五条下る大阪町382-1 ☎075-365-1500（代表）
●**URL**：https://www.kyoshin.co.jp/
●**代表者**：立木 康之
●**創業**：1975年（法人設立1981年）
●**資本金**：３億2789万円
●**株式**：公開
●**売上高**：236億5300万円（22年5月期）
●**従業員数**：2194 名（連結・22年5月末）
●**展開都道府県**：岩手, 茨城, 埼玉, 千葉, 東京, 神奈川, 岐阜, 愛知, 三重, 福井, 滋賀, 京都, 大阪, 兵庫, 奈良, 和歌山, 岡山, 広島, 徳島, 香川
●**事業内容**：学習塾の運営／〈小1～中3〉集合授業「京進小中学部」, 〈高1～高3〉現役高校生「京進高校部」, 〈小1～高3〉個別指導「京進スクール・ワン」, 〈乳幼児〉保育園「HOPPA」, 〈幼児教育〉小学校受験「京進ぷれわん」, 〈小4～高3〉オンライン学習「京進e-DES」, 〈高1～高3〉映像授業「京進e 予備校@will」, 〈0歳～社会人〉英会話「ユニバーサルキャンパス」, 〈留学生〉日本語教育「KLA」の他、介護事業 他

学究社

●**企業名**：株式会社 学究社
●**塾名**：ena, マイスクールena, ena国際部, ena新セミ, ena新美 他
●**本社**：〒151-0053 東京都渋谷区代々木1-12-8 ☎03-6300-5311（代表）
●**URL**：http://www.gakkyusha.com/
●**e-mail**：recruit@ena.co.jp
●**代表者**：河端 真一
●**創業**：1972年（法人設立1976年）
●**資本金**：12億1635万円
●**株式**：公開
●**売上高**：123億7846万円（22年3月期）
●**従業員数**：3917名(正社員509名・22年3月末・連結)
●**教場数**：国内200校以上, アメリカや中国となど海外にも校舎を展開
●**展開都道府県**：東京, 神奈川など
●**事業内容**：進学塾「ena」（東京・神奈川）, 集団指導の「ena」「egg」「C'ena」, 個別指導の「マイスクールena」, 帰国子女向けのena「国際部」「海外校」（国内は渋谷・あざみ野に設置）, 家庭教師派遣の「ena家庭教師センター」, 看護・医療系受験指導の「ena新セミ」（東京・神奈川・埼玉・千葉）, 芸大・美大受験指導の「ena 新美」, 大自然の中の合宿施設「清里合宿場」「富士山合宿場」

日能研関東

●**企業名**：株式会社 日能研関東
●**塾名**：日能研
●**本社**：〒224-0003 神奈川県横浜市都筑区中川中央1-26-10 ☎045-914-3000
●**URL**：http://www.nichinoken.co.jp/company/kanto/
●**代表者**：小嶋 隆
●**創業**：1973年
●**資本金**：3000万円
●**株式**：非公開
●**売上高**：96億4600万円（22年4月期）
●**従業員数**：270名（23年1月）
●**教場数**：42校
●**展開都道府県**：神奈川，東京，埼玉
●**事業内容**：中学受験専門塾としての運営・授業・学習支援，中高6ヵ年一貫教育への進学支援，教育関連イベント事業，中学受験情報の発信

河合塾マナビス

●**企業名**：株式会社 河合塾マナビス
●**塾名**：河合塾マナビス
●**本社**：〒102-0085 東京都千代田区六番町5-14 六番町武田ビル ☎03-3512-5771（代表）
●**URL**：https://www.manavis.com/
●**e-mail**：recruit.manavis@kawaijuku.jp
●**代表者**：飯塚 拓
●**創業**：2006年（法人設立07年）
●**資本金**：1億円
●**売上高**：87億9700万円（19年3月末）
●**株式**：非公開
●**従業員数**：246名（22年3月末）
●**塾生数**：4万8300名（21年）
●**教場数**：336校(直営62校舎，FC278校舎)(22年3月末)
●**展開都道府県**：全国
●**事業内容**：学習塾の運営，教育映像コンテンツの企画・製作・頒布・配信・販売，進学塾フランチャイズ事業の運営等河合塾が築き上げてきた大学受験指導のノウハウを，新しいカタチで提供する進学塾。最高品質の映像授業と，専任アドバイザーによる学習ナビゲーション，河合塾の受験情報力の3本柱で，高校生の大学現役合格を応援。少子中でも映像授業を取り扱う河合塾マナビスへのニーズは高まっている

栄光

●**企業名**：株式会社 栄光
●**塾名**：栄光ゼミナール，栄光の個別ビザビ，大学受験ナビオ 等
●**本社**：〒102-0071 東京都千代田区富士見2-11-11 ☎03-5275-1681
●**URL**：https://www.eikoh.co.jp
●**e-mail**：jinzai@eikoh-seminar.com
●**代表者**：下田 勝昭
●**創業**：1963年(法人設立1980年)
●**従業員数**：1276名(臨時従業員を含まず・22年３月末)
●**資本金**：1億円
●**売上高**：244億円(22年3月期)
●**教場数**：学習塾520教室(東京都，埼玉県，神奈川県，千葉県，茨城県，栃木県，宮城県，京都府 他)
●**事業内容**：小・中・現役高校生対象の進学指導塾(栄光ゼミナール，栄光の個別ビザビ，大学受験ナビオ，Z会エクタス栄光ゼミナール，E-style，EIKOH LiNK STUDY，栄光サイエンスラボ，栄光ロボットアカデミー，VAW栄光ハイスクール，カルチャースクール他)

進学プラザグループ

●**企業名**：株式会社 仙台進学プラザ
●**塾名**：仙台進学プラザ，札幌進学プラザ，TOPPA館，俊英四谷大塚，仙台個別指導学院，育英舎自立学習室 他
●**本社**：〒984-0065 宮城県仙台市若林区土樋104 ☎0120-203-859
●**URL**：https://shin-pla.co.jp/
●**代表者**：阿部 孝治
●**創業**：1985年
●**資本金**：4990万円
●**売上高**：約104億円(グループ全体・2021年3月期)
●**株式**：非公開
●**従業員数**：正社員220名・時間講師約900名・平均年齢35歳
●**塾生数**：2万6000名(21年)
●**教場数**：250教室
●**展開都道府県**：宮城・山形・福島・青森・茨城・千葉・埼玉・滋賀・北海道・東京
●**事業内容**：小・中学生対象の集団指導の学習塾の運営，小・中・高校生対象の個別指導の学習塾の運営，中学受験指導の「俊英四谷大塚」の運営，高校生対象の映像授業「東進衛星予備校」の運営，公開模擬試験の実施，学習・教育イベントの企画・運営

進学会

●**企業名**：株式会社 進学会ホールディングス
●**塾名**：北大学力増進会, 東北大進学会, 進学会, 東大進学会, 名大進学会, 京大進学会, 九大進学会
●**本社**：〒003-0025 札幌市白石区本郷通1丁目北1番15号 ☎011-863-5557
●**URL**：http://www.shingakukai.co.jp
●**代表者**：平井　睦雄
●**創業**：1972年
●**資本金**：39億8410万円
●**売上高**：67億円（22年3月期·連結）
●**株式**：公開
●**従業員数**：約1000名（グループ計）
●**展開都道府県**：北海道·青森·秋田·宮城·山形·岩手·福島·長野·栃木·茨城·千葉·富山·群馬·埼玉·愛知·三重他
●**事業内容**：学習塾の継続授業講習会, 公開模擬試験の運営, 公開模擬試験の運営教育用コンピュータソフトの開発ならびに販売促進, スポーツクラブの経営 他

城南進学研究社

●**企業名**：株式会社 城南進学研究社
●**塾ブランド**：城南予備校, 城南予備校DUO, 城南ONE'S, 城南医志塾, 城南AO推薦塾, 城南コベッツ
●**本社**：〒210-0007 神奈川県川崎市川崎区駅前本町22－2 ☎044-246-1951
●**URL**：https://www.johnan.co.jp/
●**代表者**：下村 勝己
●**創業**：1982年
●**資本金**：6億5500万円
●**売上高**：65億2400万円（22年3月期）
●**株式**：公開
●**従業員数**：380名（連結）
●**事業内容**：学習塾,·その他各種教室の経営, フランチャイズチェーンシステムによる予備校, 進学教室の募集及び経営指導, 大学·高校及び中学受験用教材の企画·制作·販売, 保育に関する事業

成学社

●**企業名**：株式会社 成学社
●**塾名**：開成教育グループ
●**本社**：〒530-0015 大阪府大阪市北区中崎西3-1-2 開成梅田ビル5F ☎06-6373-1526
●**URL**：http://www.kaisei-group.co.jp/
●**代表者**：永井 博
●**創業**：1982年(法人設立1987年)
●**資本金**：2億3510万円
●**株式**：公開
●**売上高**：123億3300万円(22年3月期)
●**従業員数**：正社員650名(従業員約5,000名 非常勤講師含む)
●**展開都道府県**：大阪,兵庫,京都,滋賀,奈良,東京
●**塾生数**：約2万6000名
●**事業内容**：小・中・高校生対象の双方向対話型クラス指導「開成教育セミナー」「エール進学教室」,中学受験専門のクラス指導「開成ベガ」,難関国公立大学にも対応できるライブのクラス指導「開成ハイスクール」,代ゼミ名物講師の授業をVODで受講できる「開成教育グループ 代ゼミサテライン予備校」,少人数制の認可外保育園「かいせい保育園」,認可型小規模保育園「かいせいプチ保育園」他

やる気スイッチグループ

●**企業名**：株式会社 やる気スイッチグループホールディングス
●**塾名**：個別指導スクールIE,チャイルドアイズ,忍者ナイン,WinBee,KidsDuo 他
●**本社**：〒104-0032　東京都中央区八丁堀二丁目24-2 八丁堀第一生命ビル☎ 03-3537-1661
●**URL**：https://yarukiswitch-holdings.co.jp
●**代表者**：高橋 直司
●**創業**：2017年4月(前身の株式会社拓人は1989年11月)
●**資本金**：2億3510万円
●**売上高**：478億円(グループ総売上・22年2月末)
●**従業員数**：正社員650名(従業員約5000名 非常勤講師含む)
●**塾生数**：約12万名
●**教場数**：2046教室(国内外)
●**事業内容**：別指導の学習塾をはじめ,幼児教室,子ども向け英会話スクール,英語で預かる学童保育,バイリンガル幼児園,キッズスポーツ教室を全国で運営

スプリックス森塾

●**企業名**：株式会社 スプリックス
●**塾名**：森塾、湘南ゼミナール、自立学習RED、河合塾マナビス 他
●**本社**：〒171-0021　東京都豊島区西池袋1-11-1　メトロポリタンプラザビル 12F☎03-5927-1687
●**URL**：https://sprix.jp/
●**代表者**：常石 博之
●**創業**：1997年1月
●**資本金**：14億3100万円（22年9月末）
●**株式**：公開
●**売上高**：293億5200万円（22年9月期連結）
●**従業員数**：531名
●**塾生数**：3万5000名以上
●**事業内容**：学習塾・教室事業からITコンテンツ事業検定事業まで，創業教育カンパニーとして，一人ひとりのニーズに応える付加価値の高い教育サービスを提供

学びエイド

●**法人名**：株式会社 学びエイド
●**本社**：〒113-0033 東京都文京区本郷6丁目17番9号本郷綱ビル4階
☎03-6801-852　FAX.03-6801-8643
●**URL**：https://www.manabi-aid.jp/
●**e-mail**：https://www.manabi-aid.jp/service/contact お問い合わせフォームより
●**代表者**：廣政 愁一
●**創業**：2015年5月
●**従業員数**：32名
●**資本金**：1億2000万円
●**売上高**：非公開
●**事業所**：東京，大阪
●**事業内容**：インターネットによる教育サービスの企画開発・提供，教育機関向けコンサルティング，学習塾の運営

CREDIT

企画●千葉誠一

編集協力●黒木康孝

カバーデザイン●内山絵美

DTP●㈱西崎印刷

【監修者紹介】

千葉誠一（ちば・せいいち）

福島県伊達市出身。上智大学文学部卒。
山手ベイサイドオフィス主宰。
塾業界を経て、編集・出版会社に勤務。
多数の教材の執筆から編集・出版を手がける。
独立後は、教育業界を中心とした国内外の人的ネットワークを駆使し、
フリーライターやエディターの協力も得て、連載記事の執筆をはじめ、
社員研修、経営アドバイス、講演などを精力的に行っている。
現在、私学と私塾をつなぐ『私教育新聞』編集主幹。
「学びエイド」囲碁講座鉄人講師。
藤嶺学園中高「遊行塾」囲碁講座非常勤講師。
日本棋院普及指導員。学校囲碁指導員（五段）。

【著書】

『天声人語文章要約トレーニング』（TAC出版）
『就職試験一般常識トレーニング』（TAC出版）
などがある。

私教育新聞web
http://shikyoiku.net

【執筆者紹介】

黒木康孝（くろき・やすたか）

フリーライター。
1964年生まれ、東京都出身。
広告代理店、広告制作会社を経てフリーに。
教育関係から旅行関係まで幅広く執筆。
気象予報士。

鈴木博文（すずき・ひろふみ）

有限会社ソリューションゲート及び
株式会社エデュゲート代表。
1957年生まれ、北海道出身。
教育コンテンツクリエーター。
ロボット先生実現に向けて取り組み中。
趣味は自転車やギター等多彩。

学習塾業界大研究［第２版］

２版１刷発行●2023年6月30日

監修者
千葉誠一
発行者
薗部良徳
発行所
㈱産学社
〒101-0051 東京都千代田区神田神保町3-10　宝栄ビル
Tel.03（6272）9313　Fax.03（3515）3660
http://sangakusha.jp
印刷所
㈱ティーケー出版印刷

ISBN 978-4-7825-3582-0　C0036